Laço

Coleção **Parentalidade & Psicanálise**

Laço

(ORGANIZADORAS)
Daniela Teperman
Thais Garrafa
Vera Iaconelli

1ª REIMPRESSÃO

Cult autêntica

EDITORAS RESPONSÁVEIS
Cecília Martins
Rejane Dias

REVISÃO
Cecília Martins

PROJETO GRÁFICO
Diogo Droschi

DIAGRAMAÇÃO
Guilherme Fagundes

Dados Internacionais de Catalogação na Publicação (CIP)
(Câmara Brasileira do Livro, SP, Brasil)

Laço / organização Daniela Teperman, Thais Garrafa, Vera Iaconelli. -- 1. ed.; 1. reimp. -- Belo Horizonte : Autêntica, 2022. -- (Coleção Parentalidade & Psicanálise , 2 / coordenação Daniela Teperman, Thais Garrafa, Vera Iaconelli)

Vários autores.
ISBN 978-65-88239-08-7 (Autêntica)
ISBN 978-65-86596-04-5 (Cult)

1. Famílias - Aspectos psicológicos 2. Pais e filhos 3. Parentalidade 4. Psicanálise 5. Psicologia I. Teperman, Daniela. II. Garrafa, Thais. III. Iaconelli, Vera. IV. Série.

20-41271 CDD-150.195

Índices para catálogo sistemático:
1. Família : Psicanálise : Psicologia 150.195
Maria Alice Ferreira - Bibliotecária - CRB-8/7964

GRUPO **AUTÊNTICA**

Belo Horizonte
Rua Carlos Turner, 420
Silveira . 31140-520
Belo Horizonte . MG
Tel.: (55 31) 3465 4500

São Paulo
Av. Paulista, 2.073 . Conjunto Nacional
Horsa I . Sala 309 . Cerqueira César
01311-940 . São Paulo . SP
Tel.: (55 11) 3034 4468

www.grupoautentica.com.br
SAC: atendimentoleitor@grupoautentica.com.br

Sumário

Coleção Parentalidade & Psicanálise

Daniela Teperman, Thais Garrafa e Vera Iaconelli

A Coleção Parentalidade & Psicanálise surge com o objetivo de delimitar um campo de estudos sustentado em parâmetros éticos de escuta e respeito à subjetividade, condizente com os desafios impostos pelos atravessamentos históricos, culturais e sociais. Para tal, circunscrevemos *parentalidade* como tema que abrange a produção de discursos e as condições oferecidas pela geração anterior para que uma nova geração se constitua subjetivamente em uma determinada época. Isso implica considerar os sujeitos que se incumbem dessa tarefa no plano singular e o campo social que os enlaça.

A articulação entre parentalidade e psicanálise justifica-se pela necessidade de separar a temática da parentalidade do universo normativo que marcou sua gênese e que, nos tempos atuais, contribui para a ascensão de práticas dogmáticas, mercantis e obscuras. Sem a pretensão de que haveria uma época livre da busca por garantias e predições diante dos aspectos intangíveis e imponderáveis da criação de crianças, nos cabe mapear a nossa e fazer frente aos discursos universalizantes.

A psicanálise trata das questões da parentalidade a partir de seus elementos estruturais, isto é, para além dos efeitos imaginários de cada época, e, nesse contexto, situa também o mal-estar inerente às relações humanas e à nossa entrada na cultura. Com essas ferramentas, a psicanálise integra um campo de estudos multidisciplinares sobre o universo parental, ao mesmo tempo que aporta, a esse campo, inquietações que convidam seus integrantes a um constante reposicionamento diante da singularidade de cada caso. Desde Freud, a psicanálise tanto elucida – “Freud explica!” – quanto inquieta, desconcerta e nos movimenta em torno dos mistérios do inconsciente e do mal-estar na civilização.

A psicanálise marca, portanto, sua peculiar posição no campo de estudos da parentalidade: ocupa um lugar de composição e de exterioridade. Como integrante do conjunto, oferece seu dizer e seu saber sobre o exercício das funções parentais, de caráter estrutural, para entender a constituição do sujeito na família e para além do universo pai-mãe-bebê. Em sua posição de exterioridade, presta-se a produzir aberturas onde o conhecimento instrumentalizante tende ao fechamento e à produção de ingerências sobre a criação de crianças. Para fazer frente ao imperativo contemporâneo de oferecer a última palavra, propomos sustentar inquietações e os possíveis saberes que delas possamos extrair.

A Coleção Parentalidade & Psicanálise é composta por cinco volumes. No primeiro deles, *Parentalidade*, encontram-se as principais inquietações que norteiam os estudos sobre o tema a partir da psicanálise. *Laço* articula-se a esse campo com ênfase nas relações que participam da estruturação do sujeito. Os volumes seguintes reúnem textos produzidos a partir dos eixos Gênero, Corpo e Tempo.

Cada um dos cinco volumes está organizado em quatro seções:

1. Na "Apresentação", delimitamos cada um dos temas escolhidos em sua relação com a parentalidade, situando questões que se abrem à reflexão.
2. A segunda e maior seção, "Fundamentos", é formada por textos de diferentes autores que trazem conceitos centrais da psicanálise, articulando-os à temática da parentalidade.
3. Na terceira seção, "Parentalidade e mal-estar contemporâneo", um psicanalista é chamado a refletir sobre aspectos da contemporaneidade nos quais se apresentam questões cruciais para o estudo da parentalidade na época atual.
4. Na seção "Interlocuções", autores de outras áreas do conhecimento trazem sua contribuição para o tema, de modo a abrir portas, no fim, para outros começos, e a marcar que a psicanálise não pode tudo dizer.

Propusemos a psicanalistas e teóricos de instituições diversas o desafio de realizar essa transmissão por meio de textos rigorosos e, ao mesmo tempo, acessíveis a leitores e leitoras de diversas áreas. Agradecemos a todos os autores que aportaram ao campo de estudos da parentalidade sua preciosa contribuição.

Boa leitura!

APRESENTAÇÃO

Um laço chamado desejo

Daniela Teperman

Pais e filhos.
Ouvi uma vez e nunca esquecerei.
O que os liga na natureza?
Um instante de tesão cego.
Ian McEwan, *Enclausurado*, 2016.

Pais e filhos. O que os liga à natureza? Seres de linguagem que somos, nada nos liga à natureza. O que liga, faz laço, depende da presença desejante do Outro – necessária, mas também contingente –, depende do acaso dos encontros, como tão precisamente assinalou Garcia-Roza (1999) ao circunscrever o terreno pulsional ao qual se espera que o bebê seja introduzido.

É a partir da linguagem que o bebê humano pode vir a ser um sujeito falante e desejante, tendo contado com um Outro pelo qual se deixou capturar nos campos pulsional e especular. Em sua loucura necessária, nas palavras de Winnicott, ou de posse de uma ilusão antecipatória, como diria Freud, o agente da função materna – ao que comumente referimos como mãe – deseja e antecipa as produções de seu bebê sem nenhuma garantia do vir a ser deste, mas quase sempre sem se perguntar se ele seria capaz de entender as palavras que lhe dirige, tomando-o como interlocutor, introduzindo condutas de espera, ritmos (fome e saciedade, sono e vigília) e aguardando suas manifestações (corporais e vocais) para seguir a conversa. E bem sabemos como os bebês são capazes de performar diante do olhar surpreso, desejante e jubiloso de seu cuidador!

Há uma frase da pediatra e psicanalista Françoise Dolto que se tornou célebre e que intitula o documentário[1] que entrelaça sua vida e obra: "Você escolheu nascer!". Além de célebre, tal frase revelou-se também bastante controversa. No entanto, quando aplicada à potência da casualidade dos encontros, concede a esse "instante de tesão cego", conforme as palavras de Ian McEwan que abrem este texto, uma potência de engendramento, que pode ser necessária – e muitas vezes crucial – para a ficção que cada um arma para si acerca do desejo que esteve nas origens.

Um desejo que esteve nas origens não deve se confundir com um sujeito que já estava lá. O que nos permite interrogar as teorias sobre o psiquismo pré-natal, ainda que não deixemos de nos deslumbrar com as pesquisas com imagens ultrassonográficas de bebês (Piontelli, 1995), que apontam para algo da ordem de uma continuidade da experiência pré-natal[2] para a experiência pós-natal. "Deslumbramento", aqui, não aparece casualmente, mas com o propósito de alertar para um possível excesso ao se trazer à luz o que se esconde *in utero*.

Deslumbramento é também o que se espera que ocorra no encontro com "*His Majesty The Baby*" (Freud, [1914] 1996): embaçamento da vista que permite olhar e sustentar o que ainda não está lá, mas já se apresenta como potência. E que, não obstante, deve ceder: quando o Outro do bebê interrompe a brincadeira, reconhecendo ali um excesso de excitação, por exemplo. Oportunidade imperdível para mais uma vez destacarmos que o sexual é incontornável na família: presente nos adultos sexuados que se ocupam das funções parentais, nos cuidados dirigidos ao bebê e na sexualidade infantil (Teperman, 2015). Oportunidade também para apontarmos que, ainda que sob o olhar embaçado

---

1 Título original: *Tu as choisi de naître.* Direção de Elizabeth Coronel e Arnaud de Mezamat. Bélgica/França, 1994, 53 min.

2 Aos seis meses de gestação, o bebê já possui os sistemas olfativo, gustativo e auditivo, é capaz de ouvir a voz da mãe e do pai e os ruídos intra e extrauterinos. Imagens de ultrassom revelam que no meio intrauterino os bebês soluçam, chupam o dedo e se movimentam.

do deslumbramento, a separação está já à espreita, seja pela castração operante no agente materno (chega de excitação!), seja pela sua alternância em presença e ausência (instituindo as condutas de espera e os primeiros ritmos que se instalam no corpo do bebê), seja ainda pela via do brincar.[3]

Esse bebê da natureza e da necessidade, não chegamos a conhecê-lo! A primeira experiência de satisfação descrita por Freud ([1985] 1995), a entendemos como mítica, já que não dispomos de meios para identificar e registrar esse momento preciso – a passagem do âmbito da necessidade para o âmbito do desejo – e localizar o bebê como puro organismo. Nas palavras de Soler (2018, p. 12):

> Entretanto, a psicanálise não tem acesso ao organismo de forma direta. Isso somente é dado a ela através das transformações que se dão no que chamamos corpo [...] O corpo é o organismo mais transformado, de tal forma transformado que perdeu sua bússola instintiva que guia as espécies animais.

O bebê com o qual nos encontramos, mesmo nos primeiros momentos de vida, quando tudo vai bem, está já recoberto pelos significantes recortados pelo Outro na linguagem para nomeá-lo – outro modo de dizer que um bebê nasce quando começa a ser falado pelo Outro. Como provocou Winnicott (1990), numa frase que também se tornou célebre: "não existe essa coisa chamada o bebê".

E então, se tudo é linguagem,[4] o que já estava lá?

Caiu no laço...

Ao nascer, além dos reflexos inatos, que lhe franqueiam a sobrevivência (como sucção e busca, por exemplo), o filhote humano conta

---

[3] Tema trabalhado pela primeira vez por Freud ao observar seu neto de 18 meses brincando de atirar e recuperar um carretel, em um jogo que ficou conhecido como *fort-da*. Ver: Freud ([1920] 2020).

[4] Referência ao título do livro *Tudo é linguagem*, de Françoise Dolto (1999).

com uma série de competências que revelam uma abertura para o contato. Os reflexos são indispensáveis para a sobrevivência, operando como uma preparação mínima que os organismos têm para começar a interagir com seu ambiente. As competências, por sua vez, aparelham o bebê para o enlace ao Outro.

A maior parte dos reflexos inatos tende a desaparecer; mais que isso, espera-se que eles desapareçam ao longo dos primeiros meses de vida do bebê. Sua permanência pode indicar algum problema neurológico ou transtorno no enlaçamento do bebê ao Outro. No intervalo entre sua manifestação e o aparecimento dos movimentos intencionais do bebê, localizamos a ação do agente da função materna. Este, de posse da ilusão antecipatória necessária, reconhece e funda no que poderia ser uma mera contração facial, por exemplo, um sorriso, ou ainda, na busca pelo seio, um movimento intencional ao seu encontro. As competências do bebê dependem da presença de um adulto nessa posição para se desdobrar e se sofisticar, e isso deve ocorrer dentro de um determinado período de tempo.

O bebê, competente no seu interesse pelo Outro, é ativo na busca pela voz, pelo olhar e pelo júbilo que sua presença lhe causa. Como mostraram e nos surpreenderam as pesquisas da húngara Emese Nagy (Nagy; Molnar, 2004): o bebê provoca o Outro!

O filhote humano vem então ao mundo equipado para a sobrevivência e para a comunicação; no entanto, tal equipamento é subsumido, engolido pela linguagem, o que denota a radicalidade da sua alienação ao Outro e a crucialidade dessa operação para promover o funcionamento dos recursos que o bebê possui (Bergès; Balbo, 1997). Encontramos às vezes bebês em sofrimento que mostram uma desorganização no funcionamento das funções ou no estabelecimento dos primeiros ritmos corporais, bebês que contam muitas vezes com um Outro pouco disponível ou sem as condições psíquicas necessárias para enredá-lo no registro das trocas e dos jogos. Há ainda bebês que precisam de um Outro mais ativo e convocador, assim como bebês mais sensíveis a um Outro excessivo em sua demanda e estimulação. Encontramos também bebês que respondem rapidamente quando se encontram com um Outro interessado e jubiloso diante de suas produções, os chamados "bebês à espera". A clínica com bebês vem mostrando, ao longo dos anos, que, em muitos casos, uma intervenção pontual com o bebê e seus pais inaugura ou relança as operações necessárias para a subjetivação do bebê; em outros, é preciso uma intervenção mais intensa e duradoura.

As pesquisas e a clínica do autismo permitiram que se localizasse, nesse modo de funcionamento subjetivo, particularidades que se apresentam nas formas de alienação ao Outro e que compõem esses quadros. Permitiram também elucidar as minúcias e delicadezas dos primeiros tempos de vida do bebê no seu enlaçamento, ou na dificuldade de enlaçar-se ao Outro, e apontaram para a importância da escuta de pais e bebês diante do sofrimento psíquico.

O cuidado às crianças autistas marca sua presença no discurso social de maneira intensa, por vezes levando ao fascínio, por vezes levando à disputa entre diferentes saberes e disciplinas, o que não é sem consequências para as crianças e suas famílias. A psicanálise pode contribuir para esse debate como clínica e pesquisa. Ainda que se comprove a etiologia biológica do autismo, o sujeito precisará lidar com isso e, para tanto – por meio de um tratamento orientado a partir daquilo que pode surgir como único em cada um – poderá contar com a psicanálise.

Uma vez que o bebê é capturado no registro pulsional e o circuito se relança, contornando o objeto, se instaura o novo sujeito. Ele agora é capaz de se aventurar nas experiências de alternâncias e descontinuidades, modos pelos quais inicialmente opera a separação, e já antevê que a relação ao objeto se ordena como uma relação à falta do objeto, curto-circuitando a rede de trocas com seus cuidadores primordiais. Estes, pretendendo atender à demanda do bebê, deparam-se com sua insatisfação: "mas não era isso que você queria?". E o bebê, checando repetidamente o amor de seus cuidadores ao demandá-los, vai se dando conta que o objeto, em si, não resolve sua pergunta acerca do desejo do Outro. Uma vez na linguagem, o pequeno se encontra com o fato de que a pulsão contorna o objeto e com que seus pais e cuidadores contornam a falta... E a linguagem, ah, a linguagem é sempre mal-entendido.

Precisamos de pai e mãe?

Há tempos essa pergunta ronda o imaginário social e a própria psicanálise, assumindo novas facetas e incorporando novos elementos conforme a época e as mudanças no laço social. Trata-se também de um interrogante que se renova diante das diferentes configurações que a família vem assumindo e do uso cada vez mais frequente do termo "parentalidade" na nossa época (Teperman, 2020). De modo que é fundamental examinarmos o contexto histórico, social e psicanalítico a cada vez que a pergunta sobre o pai e a mãe se atualiza.

Essa temática encontra lugar e se desdobra na história da psicanálise pela via das crianças separadas de suas famílias e internadas em instituições nas quais recebiam cuidados precários e anônimos, e que foram objeto de estudo, pesquisa e atendimento clínico; movimentando as bases das teorias e das práticas com bebês e também da psicanálise com crianças. Os estudos produzidos contribuíram para relativizar, e até mesmo abandonar, teorias e discursos idealizados e normatizantes que costumavam recair particularmente sobre a mãe, mas também sobre a família, e dos quais muitas vezes ainda encontramos ressonâncias na atualidade.

A história da psicanálise com crianças se confunde com a história dos psicanalistas em relação às crianças separadas de seus familiares. *Psicanálise de crianças separadas: estudos clínicos* (2004) é o título de um livro organizado por Elizabeth Roudinesco reunindo artigos de sua mãe, Jenny Aubry, principalmente sobre as consequências físicas e psíquicas da separação de crianças de suas mães.

Médica de formação, Aubry assumiu em 1946 a direção da Fundação Parent de Rosan, instituição em Paris que abrigava bebês e crianças pequenas em situação grave de desamparo. Aos poucos, e conforme desenvolveu suas pesquisas, aproximou-se da psicanálise, particularmente de Lacan. Encontramos no referido livro o registro de discussões das quais participaram Lacan, Lagache e Dolto, entre outros.

Na mesma época surgiam as primeiras publicações das pesquisas realizadas por Spitz (1945) com crianças privadas de cuidados maternos, assim como se evidenciava a precariedade das instituições que recolhiam bebês e crianças separadas de seus familiares no período do pós-guerra.

Spitz chamou a atenção para os quadros de hospitalismo desenvolvidos por essas crianças, que apresentavam atraso do desenvolvimento corporal e na linguagem, dificuldades motoras e apatia. Algumas delas acabavam desistindo do contato humano, chegando muitas vezes a se deixar morrer.

Encontramos já nas palavras de Spitz que os efeitos para a subjetivação e para o desenvolvimento de bebês e crianças separadas poderiam ser relativizados caso obtivessem cuidados adequados nas instituições:

> Na etiologia das doenças de carência afetiva, a personalidade da mãe desempenha um papel menor, pois essas condições geralmente resultam da ausência física da mãe, devido a moléstias, morte ou por motivo de hospitalização do filho; ao mesmo tempo, é preciso que o substituto da mãe seja inadequado ou praticamente inexistente (Spitz, 1998, p. 271).

Acrescento ainda o conteúdo de uma pequena nota de rodapé que Spitz inclui no trecho citado, evidenciando a sua percepção de que a presença da mãe não representa uma garantia para o exercício da função materna, mas, ao mesmo tempo, alimentando os discursos que identificam como negligentes as mães trabalhadoras:

> Isto não exclui a possibilidade de uma mãe, mesmo quando presente, privar seu filho das provisões afetivas normais; nem exclui a possibilidade de que a mãe negligencie seu filho por estar ocupada fora de casa, por razões econômicas, ou por falta de interesse pela criança (p. 271).

Quadros clínicos como os descritos por Spitz foram identificados por Aubry nas crianças assistidas em Parent de Rosan. A autora também sublinhou que cuidados adequados poderiam contribuir para minimizar os efeitos da separação: "separar um filho de sua mãe é provocar nele uma reação de desamparo intenso que pode, aliás, atenuar-se se ele receber cuidados maternos de substituição adaptados a seu estado" (Aubry, 2004, p. 99).

Parent de Rosan foi inicialmente uma espécie de orfanato, depois se tornou um abrigo da assistência pública e, por fim, um berçário da assistência social à infância para crianças colocadas em famílias de acolhimento. Foi um dos locais nos quais Dolto prestou atendimento e supervisão, tendo se decidido a formar psicanalistas, pois era difícil encontrar clínicos que, diante das vivências que tinham levado as crianças a serem institucionalizadas, não as maternassem, não dessem conselhos às cuidadoras e à instituição e não se condoessem por identificação imaginária ao seu sofrimento (Manier, 1998).

No início de seu trabalho na instituição, Aubry desenvolveu um estudo sobre as deteriorações psíquicas consecutivas à carência de cuidados maternos. Foi naquela época que Rosine Lefort empreendeu os tratamentos de quatro crianças ali internadas: Robert, Marisa, Marie-Françoise e Nadia (relatados em suas publicações *O nascimento do Outro* e *Marisa, a escolha sexual da menina*).

Rosine Lefort, assim como Françoise Dolto, aceitou o desafio de colocar a psicanálise à prova na clínica com crianças pequenas. Rosine identificou quadros clínicos de hospitalismo nos casos atendidos em Parent de Rosan; contudo, as análises dessas crianças lhe permitiram esclarecer que tais quadros são mais descritivos do que estruturais:

> Certamente o anonimato dos cuidados recebidos por essas crianças teve consequências flagrantes e impressionantes sobre seu aspecto e déficit estaturo-ponderal. Mas a estrutura que cada uma delas apresenta não pode, em nenhum caso, ser atribuída a uma síndrome de hospitalismo ou outra (Lefort; Lefort, 1997, p. 12).

Tal constatação clínica e a sustentação teórica que a acompanhou representam um marco na psicanálise com crianças, assim como o enunciado, que também se tornou célebre no campo da psicanálise lacaniana com crianças, de que a criança é um analisante de pleno direito (Lefort; Lefort, 1984).

A contribuição dessa psicanalista para o estabelecimento das bases da clínica psicanalítica lacaniana com crianças, no entanto, não termina aqui. Rosine Lefort destacou a função da palavra e do campo da linguagem na clínica com crianças, situando, clínica e teoricamente, o lugar e a intervenção do psicanalista e deslocando o eixo da cura, antes centrado na maternagem e na carência materna. Assinalou também as diferenças entre mãe e agente da função materna, entre separação da mãe e ausência de cuidados maternos e entre intervenção psicanalítica e substituição do par parental.

A clínica conduzida por Rosine Lefort permitiu descolar definitivamente o lugar do psicanalista da maternagem e da ação filantrópica e mostrou que este, ao posicionar-se no lugar de agente do Outro na clínica com bebês e crianças pequenas, opera sem se confundir com o pai e a mãe ou pretender substituí-los: "Desta feita, haverá o empréstimo de linguagem, de traços e cifras à criança, o que não significa fazer da clínica um lugar em que a presença da fantasia do sujeito do psicanalista se sobreponha à construção da fantasia da criança" (Vorcaro; Neves, 2010, p. 397). Permitiu também refletir sobre o lugar de cuidadores, berçaristas e educadores que atuam em creches, entre outros, na constituição psíquica de bebês e crianças pequenas, além de apontar para a importância de se oferecer cuidados singularizados e não anônimos nos espaços coletivos. Contudo, até os dias de hoje, pouco se formulou acerca do papel de babás e de cuidadoras domésticas em relação à constituição da subjetividade das crianças a seus cuidados, o que é fundamental para que tenham seu lugar de agente da função materna reconhecido, sem se ver confundidas com a pretensão de substituir a mãe.

Em sua importante "Nota sobre a criança", Lacan ([1969] 2003, p. 369-370) foi preciso ao utilizar o termo "função materna" para se referir ao lugar do Outro para o bebê e assinalar como uma de suas principais tarefas portar um desejo não anônimo, franqueando a leitura de que agenciar um desejo não é sinônimo de substituir a mãe.

Detenhamo-nos agora em um importante detalhe. A referida nota está endereçada a Jenny Aubry. Lacan a inicia apontando para o fracasso das utopias comunitárias, ou seja, dos experimentos de se educar crianças coletivamente. Diante do reconhecimento de tal fracasso, e dirigindo-se a Aubry, Lacan estabelece as condições mínimas necessárias para que haja sujeito, reduzindo a família à sua função de resíduo: estrutura básica, necessária e contingente, assegurada pelo exercício das funções materna e paterna, para a transmissão dos elementos para a constituição da subjetividade.

Lacan refere-se à "irredutibilidade de uma transmissão", circunscrevendo-a a partir das seguintes condições: a constituição subjetiva implica a relação com um desejo não anônimo, a função da mãe está referida a cuidados que levam a marca de um interesse particularizado, ainda que pela via das próprias faltas, e a função do pai opera na medida em que seu nome é o vetor de uma encarnação da Lei no desejo.

Notemos que a operacionalidade da função materna não se confunde com o fato de uma mãe ser bondosa, nem com suas habilidades ou características, também não depende de uma perfeição nos cuidados que preconiza. É crucial que o agente da função materna seja portador de um desejo não anônimo, mesmo que "pela via de suas próprias faltas". Nesse sentido, a família, em sua função de resíduo, opera como espaço primordial onde se instala a pergunta sobre o desejo do Outro.

No contexto atual, a pergunta sobre o pai e a mãe se desdobra em novos interrogantes: São necessários dois adultos para criar uma criança? Devem ser de sexos biológicos diferentes? É preciso que um desses adultos seja um homem e o outro uma mulher? Perguntas que, se somos fiéis à leitura de Lacan, revelam-se falsas questões, pois denotam uma confusão entre posição psíquica, função parental e fenômeno social; e, mais uma vez, levam a tentativas de normatização e idealização da família. Vale lembrar que na família não há garantias, independentemente dos formatos e modelos que ela possa assumir.

Antes de concluir, retornando à citação que inaugura este texto, tomo emprestadas as palavras de Coum (2016, p. 183, tradução livre): "para a mulher assim como para o homem, a maternidade e a paternidade constituem a construção de uma posição psíquica e social que separa o sujeito de sua condição natural". Pai e mãe são significantes inventados para dar conta dessa origem, e a família consiste em uma invenção civilizacional para a transmissão dos elementos necessários à perenização do processo de humanização (Sauret, 2016). Deixar a família é o maior passo que a criança tem que dar pela humanidade. Desenlace necessário e contingente, para além dos laços mais ou menos apertados nos quais cada família tenha se sustentado.

Ao destinar a "Nota" para Jenny Aubry, Lacan respondeu às perguntas que se formulavam naquela época com o que é da ordem da estrutura, circunscrevendo o que é irredutível numa transmissão e situando os elementos mínimos necessários para que haja sujeito. Tomar a família em sua função de resíduo permitiu-lhe também assinalar o que não é redutível a um determinado momento histórico, o que permanece independentemente das formas de conjugo, das ficções jurídicas e dos discursos prevalentes sobre a família em cada época.

O que faz laço

Contamos na seção "Fundamentos" deste volume com textos que, tal qual a espátula cintilante usada por Winnicott ([1941] 1993) em suas consultas, atraem e instigam leitores e leitoras a acompanhar as autoras numa transmissão na qual cada uma fala desde seu referencial teórico e de posse de estilo próprio.

Nas seções "Parentalidade e mal-estar contemporâneo" e "Interlocuções", há textos sólidos e leituras afiadas que, entrelaçando subjetividade, laço social e época, apontam para a crucialidade da escrita e da transmissão diante do esgarçamento do laço social, que só vemos acentuar-se na nossa época.

Leda Mariza Fischer Bernardino nos convida a acompanhá-la na complexidade do conceito de sujeito em Lacan, por meio de uma exposição rigorosa, acessível e ao mesmo tempo poética. Em "A concepção lacaniana de sujeito", ela traça um percurso que se inicia na radicalidade da alienação do filhote humano ao Outro e desemboca na instauração do sujeito do desejo, capaz de um estilo e um dizer próprios. Função materna e paterna são descritas com clareza, isentas da imaginarização das figuras de mãe e pai, reiterando o pleno domínio da autora sobre o tema.

Lia Pitliuk, em "Winnicott e os desafios da parentalidade" alinhava com entusiasmo e precisão as principais ideias de Winnicott, compondo um texto imperdível mesmo para aqueles que já conhecem o psicanalista inglês. A partir da constatação de que os termos "pai" e "mãe" vêm perdendo suas referências mais estáveis, a autora empreende uma importante e necessária discussão sobre as nomeações no campo da família.

Tomando o cuidado de situar o contexto histórico no qual o psicanalista estava imerso, Pitliuk destaca a atualidade do pensamento de Winnicott, sobretudo em sua crítica em relação àqueles que pretendiam ensinar a parentalidade ou intervir no delicado campo das relações parentais.

Luciana Pires, em "A radicalidade da *ética* (psicanalítica) de Françoise Dolto", apresenta-nos, por meio de seu olhar sensível e inspirador, essa figura marcante da cultura francesa, destacando a originalidade de seu pensamento e de sua clínica. A autora nos introduz no estranhamento que algumas de suas ideias podem causar, e, partilhando tal estranhamento com leitores e leitoras, os conduz, por meio de "conceitos em ação", à compreensão dos principais conceitos formulados por Dolto: imagem inconsciente do corpo e castrações simbolicogênicas.

Em "Redes de apoio: cuidar de pais na chegada de um filho", Roberta Wanderley Kehdy aborda a delicadeza da constituição da parentalidade, propondo, por meio de autores que são referência no campo, pensar esse período como situação de crise. A autora aporta na função primordial que as redes de apoio – por meio de práticas de cuidado ancoradas nas funções de implicação e reserva – podem exercer nesse delicado momento, sobretudo nos casos em que os pais se encontram fragilizados ou desorganizados psiquicamente.

Rinaldo Voltolini nos presenteia com seu texto "Amar ou armar as crianças? Vicissitudes contemporâneas da relação parentalidade/escolaridade". Iniciando com a provocadora pergunta: "A quem pertence a criança?", o psicanalista situa historicamente três tempos na relação escola-família, analisando o modo como se estabelecem em cada um deles os lugares da criança, da escola, da família e do Estado. Desembocando no divórcio contemporâneo entre família e escola, o autor finca as bases para uma análise inédita – e de tirar o fôlego! – do Programa Escola sem Partido.

A sessão "Interlocuções" encerra o livro com o brilhante trabalho da antropóloga Mariza Werneck, "Pais por escrito: do amor e seus avessos", no qual a autora evidencia a construção recente da experiência da paternidade quando comparada à comunhão histórica entre o corpo das mulheres, maternagem e maternidade. Figuras clássicas do pai na mitologia e na literatura são apresentadas para exemplificar as marcas de ausência, temor e culpa legadas aos filhos, em contraste com o traço de sensibilidade característico da abundante produção literária sobre paternidade publicada a partir dos anos 2000. Werneck ressalta a delicadeza do trabalho de autores homens que mergulham em uma abertura à alteridade do filho e dedicam-se à subversão dos antigos métodos, enveredando-se na árdua tarefa de tornar-se pai. O texto é interessante e convidativo tanto para quem conhece as belas referências citadas quanto para quem é apresentado a elas pela primeira vez.

Convido agora leitores e leitoras para aventurar-se pelo que faz laço na transmissão e a enveredar-se por reflexões inéditas acerca dos laços que não podemos mais observar passivamente esgarçar-se na nossa época.

Referências

AUBRY, J. *Psicanálise de crianças separadas: estudos clínicos (1952-1986)*. Rio de Janeiro: Companhia de Freud, Campo Matêmico, 2004.

BERGÈS, J.; BALBO, G. *A criança e a psicanálise, novas perspectivas*. Porto Alegre: Artes Médicas, 1997.

COUM, D. Du père, de la mère... et de toute autre chose pouvant en tenir lieu. In: COUM, D. (Org.). *Avons-nous besoin de père et de mère*. Paris: Érés, 2016.

DOLTO, Françoise. *Tudo é linguagem*. São Paulo: Martins Fontes, 1999.

FREUD, S. (1914). Sobre o narcisismo: uma introdução. In: *Edição Standard Brasileira das Obras Completas de Sigmund Freud*, v. XIV. Rio de Janeiro: Imago, 1996.

FREUD, S. (1920). *Além do princípio de prazer*. Edição bilíngue, comemorativa. Seguida do dossiê Para ler *Além do princípio do prazer*. Tradução Maria Rita Salzano Moraes. Belo Horizonte: Autêntica, 2020. (Obras Incompletas de Sigmund Freud).

FREUD, S. (1985). *Projeto de uma psicologia*. Tradução de O. Gabbi Jr. Rio de Janeiro: Imago, 1995.

GARCIA-ROZA, L. A. *Acaso e repetição em psicanálise: uma introdução à teoria das pulsões*. Rio de Janeiro: Jorge Zahar, 1999.

LACAN, J. (1969). Nota sobre a criança. In: *Outros Escritos*. Rio de Janeiro: Jorge Zahar, 2003.

LEFORT, R.; LEFORT, R. *Marisa: a escolha sexual da menina*. Rio de Janeiro: Jorge Zahar, 1997. (Campo Freudiano no Brasil).

LEFORT, R.; LEFORT, R. *O nascimento do Outro, 1951-52*. Salvador: Fator, 1984.

MANIER, C. Prefácio. In: DOLTO, F; HAMAD, N. *Destinos de crianças*. São Paulo: Martins Fontes, 1998.

McEWAN, I. *Enclausurado*. São Paulo: Companhia das Letras, 2016.

NAGY, E.; MOLNAR, P. Homo imitans or homo provocants? The phenomenon of neonatal imitation. *Infant Behavior and Development*, n. 27, p. 57-63, 2004.

PIONTELLI, A. *De feto a criança: um estudo observacional e psicanalítico*. Rio de Janeiro: Imago, 1995.

SAURET, M. J. Pouvons-nous nous passer de la mère et du père? In: COUM, D. (Org.). *Avons-nous besoin de père et de mère*. Paris: Érés, 2016.

SOLER, C. *O que resta da infância*. São Paulo: Escuta, 2018.

SPITZ, R. Hospitalism: An Inquiry Into the Genesis of Psychiatric Conditions in Early Childhood. *Psychoanalytic Study of the Child*, n. 1, p. 53-74, 1945.

SPITZ, R. *O primeiro ano de vida*. São Paulo: Martins Fontes, 1998.

TEPERMAN, D. A família e a ordem sexual na nossa época. In: KAMERS, M.; MARIOTTO, R. M.; VOLTOLINI, R. (Orgs). *Por uma (nova) psicopatologia da infância e da adolescência*. São Paulo: Escuta, 2015.

TEPERMAN, D. Parentalidade para todos, não sem a família de cada um. In: TEPERMAN, D.; GARRAFA, T.; IACONELLI, V. (Orgs.). *Parentalidade*. Belo Horizonte: Autêntica, 2020. (Parentalidade & Psicanálise, v. 1).

VORCARO, A. M. R.; NEVES, B. R. C. A Intervenção do psicanalista na clínica com bebês: Rosine Lefort e o caso Nádia. *Estilos da Clínica*, n. 15, v. 2, p. 380-399, 2010.

WINNICOTT, D. W. (1941). A observação de bebês em uma situação estabelecida. In: *Textos selecionados. Da pediatria à psicanálise*. Rio de Janeiro: Francisco Alves, 1993.

WINNICOTT, D. W. *Natureza humana*. Rio de Janeiro: Imago, 1990.

FUNDAMENTOS

A concepção lacaniana de sujeito

Leda Mariza Fischer Bernardino

Lacan tem uma concepção subversiva de sujeito. A novidade, em relação à descoberta freudiana do Inconsciente, é a divisão que ele promove no *Ich*[1] freudiano a partir da língua francesa: trata-se do eu enquanto *moi* (ego), sede da consciência, e do Eu enquanto Je, sujeito do inconsciente. Por isso, para ele, o sujeito é inconsciente, é uma função que carece de substância (Godino Cabas, 2009). Sua definição de sujeito é apresentada de um modo que pode parecer enigmático: sujeito é o que é representado por um significante para outro significante. Uma definição que circunscreve o sujeito no campo da linguagem, dependente dessa estrutura, não em um lugar de significação plena, mas em um lugar "entre": "Um ponto entre dois. Entre pulsão e inconsciente" (p. 218). Além disso, esse sujeito não está dado, trata-se de uma construção, dependente do que Lacan nomeou de "processo de constituição do sujeito".

Acompanhemos como isso se dá. Lembremos que Lacan trabalha com a noção de estrutura. A constituição do sujeito depende do lugar que a criança vai ocupar em uma estrutura que é pré-existente e determinante de uma posição. Não basta nascer com um corpo humano, é necessário ser esperado e antecipado em um lugar simbólico determinado.

---

[1] *Ich:* "eu" em alemão. Na teoria freudiana, percebe-se logo que este eu enquanto sujeito não remete apenas à consciência, distanciando-se, ao mesmo tempo, do sujeito psicológico e do sujeito filosófico, transcendental, enquanto conhecimento. Lacan, ao diferenciar eu (*moi*) e Eu (sujeito do inconsciente), dissipa essa confusão.

No interior dessa estrutura, o filhote humano terá acesso ao sentido, a um sistema de significações compartilhado que lhe permitirá encontrar uma identidade para si mesmo.

Lacan ([1957-1958] 1999) descreve as operações psíquicas que compõem o caminho percorrido pelo filhote humano para chegar a ser um sujeito falante e desejante. Essas operações são propostas por ele como estruturais; por mais que elas se cruzem com determinados momentos do desenvolvimento, devem ser tomadas não no sentido evolutivo, mas no estrutural: uma vez que se constituem, são vetores sempre presentes na história do sujeito (Bernardino, 2006). Nessa ótica, o tempo é lógico, sempre retroativo, como a temporalidade inconsciente: é sempre no depois que se ressignifica o antes. Como na linguagem: é preciso chegar ao ponto final da frase para apreender o sentido aí contido.

Para descrever o processo de constituição subjetiva, Lacan propõe uma leitura do Édipo freudiano desde o início da vida, a partir de vários saberes da cultura, seguindo nisso o modelo do próprio Freud, que dialogava com a História, a Mitologia, a Antropologia de seu tempo, entre outros.

A Linguística Estrutural e a Antropologia Estrutural serão essenciais para desenvolver a ideia de Lacan de "inconsciente estruturado como uma linguagem". Assim, para ele, a linguagem como estrutura é o elemento fundamental na constituição do humano: "a linguagem com sua estrutura preexiste à entrada que nela faz cada sujeito a um dado momento de seu funcionamento mental" (Lacan, [1957] 1998, p. 225). Ao nascer, o filhote humano se depara com um mundo humano imerso na linguagem, da qual ele nada sabe. Ao desamparo biológico, soma-se um desamparo simbólico. É nesse contexto que ele vai ter que ser cuidado para sobreviver, não só com cuidados básicos de alimentação e conforto, mas também com palavras básicas que lhe darão indicações de quem ele é, do que se espera dele.

É nesse sentido que se introduz a dialética da demanda e do desejo, descrita por Lacan ([1956-1957] 1995): o bebê humano distancia-se do objeto da necessidade porque seu choro é tomado pelo outro que dele cuida como um apelo e respondido com um "a-mais" do que a mera ação específica: esta vem envolvida num universo de olhares significativos, de palavras de tonalidade especial, num aconchego de colo e de continência. A partir daí, ele chora para receber esse objeto já no plano do dom, que passa a significar dom de amor. É na distância entre o objeto da necessidade e o objeto da demanda que se introduz o desejo, pois jamais o que é pedido pode ser obtido, há sempre uma falta que garante a continuidade do desejar, como Freud já apontara. Assim, segundo Lacan, o sujeito se constrói no campo do Outro, a partir do enlace pulsional, tendo o objeto *a* como contornável, objeto não encontrável, faltante, mas causador do desejo, como já apontamos.

Dessa forma, para Lacan, a partir do nascimento, aquele que cuida da criança, e exerce para ela a função materna, ocupa uma dupla função: é um pequeno outro, semelhante a ela e da mesma espécie, que lhe devolve uma imagem de humano e que troca com ela olhares, toques, sensações as mais diversas. Além disso, também é um representante do campo simbólico, sendo assim Outro com inicial maiúscula na terminologia lacaniana, pois representa o lugar da linguagem, da cultura, da organização social e o lugar de onde provêm as palavras da língua. A este que funciona como agente da função materna, quando se dirige ao filhote humano desamparado, Lacan denominou "Outro primordial", pela sua importância na constituição do sujeito. Sendo assim, "o significante produzindo-se no campo do Outro faz surgir o sujeito de sua significação" (Lacan, [1964] 1979, p. 197).

Temos então a proposta de duas operações fundamentais para o surgimento do falante e que Lacan denomina de "alienação" e "separação". São operações que, em termos de tempo lógico, ocorrem tendo uma à outra como referência. A criança recebe um banho de linguagem, que se dá ao se dirigirem a ela supondo-a já falante e desejante, o que já estabelece, nessa estrutura que é a família, um lugar para ela. Esse lugar, quando tudo funciona bem, já está à espera dela ao nascimento: já se fala dela, ela já tem um nome, já tem um corpo imaginado e para o qual já foram compradas roupinhas; além de que vem num determinado momento da vida familiar, numa determinada ordem de filhos, com um sexo que se conforma ou se confronta às expectativas dos pais. Enfim, há um lugar em aberto e à espera na família, que se transforma enquanto estrutura com a chegada desse novo membro. O bebê tem de, aos poucos, ocupar esse lugar que já está dado, que já recebe indicações específicas; é o que ele tem à disposição, e a isso ele vai se alienar ou não. Trata-se, como se vê, de uma escolha forçada, pois ou o bebê toma este lugar que já lhe atribuíram ou ele não tem lugar algum e fica totalmente desamparado.

Fator essencial nessa suposição de sujeito a partir da atribuição inconsciente de um lugar para o filho é o desejo dos pais, principalmente o desejo do agente da função materna, pois é a partir deste que ele viverá o circuito pulsional que o inserirá na sexualidade infantil, experiência essencial a partir da qual haverá um enlace corpo/linguagem que o tornará falante. Há então uma alienação simbólica aos significantes que o nomeiam e lhe atribuem um lugar na série simbólica familiar; uma alienação imaginária que se relaciona ao filho imaginário sonhado pelos pais e que entrará em jogo no Estádio do Espelho, como desenvolveremos adiante; e uma alienação real, pois seu corpo, a partir dos objetos parciais e do circuito pulsional, será oferecido por ele para a satisfação materna num campo de desejo ao qual ele se alienará com seu desejo como desejo do Outro.

Operação necessária, mas não suficiente: se essa *alienação* não estiver, desde o início, referida à operação psíquica da *separação*, ela não permitirá o surgimento de um sujeito singular, desejante e falante em nome próprio. Na operação de *separação*, o filhote experienciará uma dupla falta, pois, nos movimentos alternados de presença e ausência de seu cuidador, acabará se dando conta do Outro como faltante, sendo que essa falta também é produzida por sua própria perda, dele, como objeto. Ele se pergunta então se esse Outro pode perdê-lo. É quando ele se confronta com a ideia de desejo: algo pode faltar ao Outro, o que será que ele quer? Como diz Lacan: "é no que seu desejo é desconhecido, é nesse ponto de falta que se constitui o desejo do sujeito" (Lacan, [1964] 1979, p. 207).

Essa falta assim apontada e vivenciada confere operatividade à alienação/separação e permite que o pequeno sujeito desponte como falante. Podemos então observá-lo em brincadeiras ao estilo do *fort-da,* aquela observada por Freud ([1920] 2000) em que seu netinho brincava de jogar longe e puxar para perto um carretel, e que Freud explicou como sendo uma forma de a criança elaborar a experiência da ausência materna. Nessa encenação da presença/ausência, o netinho mostrava já sua capacidade simbólica: substituía metonimicamente[2] a presença real da mãe pelo carretel, que imaginariamente representava a mãe, e substituía metaforicamente essa falta ao dizer os fonemas "ó" (*fort:* "longe", em alemão) e "á" (*da:* "aqui", em alemão). Nessa brincadeira, encenava tanto as ausências e presenças da mãe quanto a possibilidade da mãe de perdê-lo como objeto, como esse carretel que se vai para longe. Segundo Lacan, essa brincadeira ilustra alegoricamente a entrada da criança na linguagem: ela poderá então começar a falar e ter as próprias palavras, a partir das palavras do Outro que recebeu.

É essa experiência que o Complexo de Édipo vem confirmar, tendo em vista que, para Lacan, o Édipo se estende do nascimento até a latência, distribuído em três tempos que, independentemente da idade, marcam momentos de relação da criança com a mãe e o pai. Assim, no primeiro tempo do Édipo, temos o tempo da alienação, em que a criança forma a célula dual com a mãe; embora, como assinala Lacan, a virtualidade da separação já se apresente nesse tempo, essa mãe referida à falta e à função paterna nos lembra que há um triângulo aí. Na verdade, como mostra Lacan, trata-se da mãe referida ao lugar vazio do falo,[3] aguardado desde seu próprio Édipo e pronto para ser ocupado

---

2 A "metonímia" é uma operação de substituição em presença, ou seja: uma associação de uma palavra a outra, de um objeto a outro. Já a "metáfora" é uma substituição em ausência: uma palavra no lugar de outra. No caso do *fort-da*, temos a substituição da presença da mãe real pela presença de um objeto real (metonímia); e a substituição destes pelos sons "ó" e "á".

3 O falo é um significante que representa ao mesmo tempo um lugar vazio e o objeto que se propõe para obturar esse vazio. Remete à função da linguagem, de representar o que não está, no sentido de "a palavra mata a coisa". Assim, no Complexo de Édipo, a vivência de castração necessária para atravessá-lo implica uma percepção, pela criança, de que algo falta em seu lugar: à mãe vivida como tão poderosa, detentora dos objetos, falta algo que representaria sua potência. Ao se dar conta dessa falta, ao simbolizá-la, isto é, ao entender que é algo estrutural aos humanos na medida em que habitamos um mundo simbólico, a criança encontra uma chave de significações para existir na linguagem e participar desse pacto simbólico.

pela criança, que, por sua vez, procura na mãe o que esta busca, e o que esta lhe indica é esse lugar de falo. A rigor, teríamos então a relação criança-falo-mãe.

Nesse tempo, ocorre a operação psíquica do Estádio do Espelho, descrita por Lacan ([1949] 1998) e responsável pela montagem da imagem corporal e pela construção das instâncias identificatórias "eu ideal" e "ideal do eu". Lacan descreve esse estádio como uma "encruzilhada estrutural" na qual a imagem de um outro – o próprio reflexo da criança no espelho – funciona como uma forma ortopédica à qual o bebê vai se conformar, pois seu corpo fragmentado, parcializado pelos diferentes investimentos pulsionais, vai encontrar uma imagem de completude, de unificação, e uma consistência à abstração de sua condição de ser na linguagem.

Diante da imaturidade do sistema nervoso central, a criança vive a fragmentação, a indiferenciação em relação ao corpo do Outro primordial. Então, entre o sexto e o décimo oitavo mês de idade, a partir dos jogos com o espelho, a criança vivencia os diversos momentos dessa operação psíquica: o pré-especular, em que o eu é ainda um outro, é o momento em que se verifica o transitivismo – a criança diante dos coleguinhas de mesmo tamanho confunde o que o outro experiencia com o que ocorre no seu próprio corpo. Num determinado momento, há o reconhecimento de que essa imagem é sua, de que o outro que ali vê é seu reflexo, a criança busca a confirmação do olhar do Outro representado pelo agente materno e há uma jubilação: ela toma a imagem como sua e se aliena a essa imagem.

Isso tem consequências estruturais, pois vemos que o eu (ego) se constitui no desconhecimento, ou seja, desconhecendo sua realidade fragmentada e caótica e se alienando numa imagem de completude, numa imagem originária que o acompanhará por toda a vida, mantendo sua possibilidade de reconhecimento próprio apesar das diferentes mudanças provocadas pelo desenvolvimento no decorrer de sua vida. Além disso, o precursor dessa imagem no espelho, como dizia Winnicott (1982), é o rosto da mãe: é do modo como foi até então olhado e significado que a criança vai se olhar. O que ela verá refletido no espelho não será puramente seu corpo, mas a imagem que lhe vem sendo proposta como identificação, a partir da expectativa materna que a localizou num lugar de falo. Estamos então em pleno narcisismo primário: a criança se vê e se significa a partir do invólucro fálico que recebeu do outro, que passa a ser a instância identificatória "eu ideal". Freud ([1914] 1974) mesmo já apontara que era necessária "uma nova ação psíquica" para que fosse possível o narcisismo.

O que Lacan acrescenta, tempos mais tarde em seu ensino, é que esse apaziguamento ligado ao encontro com a imagem e com um eu (ego) consistente é perturbado pelo fato de que a criança está na linguagem, e há outras identificações em jogo: há um eixo que perturba essa relação de identificação com esse outro da imagem, que é o eixo simbólico, referido à alienação aos significantes e ao campo do Outro, onde ela existe como sujeito, referida então às insígnias paternas, ao "ideal do eu". Além disso, os objetos pulsionais, os objetos *a* com que a criança entrou no campo erógeno, não são especularizáveis; há um resto dessa experiência que se perde, permanece como real. Podemos recuperar então os três registros propostos por Lacan para a experiência humana: o Simbólico, dos significantes, das leis e da cultura; o Imaginário, da imagem, da ilusão e da construção da realidade aos moldes da construção do eu, como desconhecimento; e o Real, dos objetos perdidos e da relação inapreensível com os objetos enquanto tais (inclusive o corpo biológico), perdida com a entrada na linguagem.

A criança faz a passagem do primeiro para o segundo tempo do Édipo, segundo Lacan ([1957-1958] 1999), pela entrada do terceiro, do agente da função paterna, que faz a transmissão da proibição do incesto (lei fundadora da cultura) em dois tempos. No segundo tempo do Édipo, o pai aparece como todo-poderoso, castrador, e veicula uma dupla castração: interdita a mãe de se reapropriar de seu produto e interdita a criança de se deitar com a mãe (ou seja, fazer Um com ela). É então o Pai Imaginário, o rival, aquele que é visado pelo desejo de morte (origem do tabu de assassinato do pai) porque rompe a célula narcísica mãe/bebê.

A este sucede o terceiro tempo do Édipo, em que o pai aparece pela outra vertente: a permissão. Sua transmissão da lei é relativizada pelo fato de que a interdição de um objeto torna os outros possíveis, que a lei tem essa face de possibilidades. É quando a castração pode ser vivida como simbólica, ocorre a metáfora paterna e a criança pode construir sua versão de pai, tendo assim a função paterna inscrita em seu psiquismo, um vetor para ela, que então entra no campo das significações fálicas: não só é falante, como também tem acesso ao sentido compartilhado das coisas, internaliza uma organização em torno dessa inscrição da função paterna que lhe permite entender o funcionamento do mundo, que é falicamente organizado.

A metáfora paterna representa uma operação de substituição em que o desejo materno é barrado com a entrada do Pai Simbólico (Nome-do-Pai) e se torna recalcado, abrindo-se com isso a possibilidade de a criança se reconhecer como alguém referido ao falo, já não mais sendo o falo nem o atribuindo à mãe ou ao pai, mas como algo que organiza a cultura. Além disso, não sendo obrigada a se restringir ao que deseja a mãe – que ela então passa a desconhecer, posto que se tornou inconsciente –, abre-se para a criança um enigma: seu próprio desejo. Nesse enigma, o pai como Nome, seus significantes, a auxiliam a percorrer agora o próprio caminho em busca do que deseja. É quando advém o recalque como uma das formas de dar outro rumo, que não incestuoso, ao desejo. Surge também a sublimação (outro destino possível para as pulsões), como possibilidade criativa de realizar o desejo desviado dos fins sexuais.

A criança sai dessa experiência com uma inscrição simbólica na filiação, que lhe dá uma ideia de onde veio e ao que veio dar continuidade; uma resposta ao real de sua sexuação, independentemente da anatomia, de como ela vai se situar no plano da identidade sexual; e com identificações imaginárias que lhe darão o ponto de partida para continuar seus questionamentos, sobre quem ela é e quem ela quer ser. Estará também apta, quando a ocasião se apresentar, a realizar uma escolha de objeto amoroso extrafamiliar. Passará ao estatuto de sujeito dividido: há uma parte sua que desconhece, inconsciente, mas fonte de suas determinações.

A criança passa a localizar-se no tempo da latência, entendida também como uma operação psíquica, que dá lugar a um tempo para compreender toda essa avalanche que viveu, mas, principalmente, um tempo para exercitar suas possibilidades de sublimação: conhecer o imenso mundo de objetos que a cultura oferece, para, com eles, no futuro, encontrar seu lugar no mundo. Até que a operação psíquica da adolescência surja, com sua reedição edípica, seus impasses, quando o sujeito, enfim, dirá ao mundo quem é.

Nesses diferentes tempos da vida e operações psíquicas que ocorrem, acompanhamos o surgimento do sujeito conforme a concepção lacaniana: um elemento que se encontra primeiramente no exterior – no Outro, representado pelas funções parentais, que o supõem – até sua apropriação e introjeção no processo de constituição subjetiva, que culminarão em um estilo singular de se apresentar no mundo, com um dizer próprio.

Referências

BERNARDINO, L. M. F. A abordagem psicanalítica do desenvolvimento infantil e suas vicissitudes. In: BERNARDINO, L. M. F. (Org.). *O que a psicanálise pode ensinar sobre a criança, sujeito em constituição.* São Paulo: Escuta, 2006.

FREUD, S. (1914). Sobre o narcisismo, uma introdução. *Edição Standard Brasileira das Obras Completas de Sigmund Freud,* v. XIV. Rio de Janeiro: Imago, 1974.

FREUD, S. (1920). *Além do princípio de prazer.* Edição bilíngue, comemorativa. Seguida do dossiê Para ler *Além do princípio do prazer.* Tradução Maria Rita Salzano Moraes. Belo Horizonte: Autêntica, 2020. (Obras Incompletas de Sigmund Freud).

GODINO CABAS, A. *O sujeito na psicanálise de Freud a Lacan: da questão do sujeito ao sujeito em questão.* Rio de Janeiro: Jorge Zahar, 2009.

LACAN, J. (1949). O estádio do espelho como formador da função do eu. In: LACAN, Jacques. *Escritos.* Rio de Janeiro: Zahar, 1998.

LACAN, J. (1956-1957). *O seminário, livro IV: A relação de objeto.* Rio de Janeiro: Zahar, 1995.

LACAN, J. (1957). A instância da letra no inconsciente ou a razão desde Freud. In: LACAN, J. *Escritos.* Rio de Janeiro: Jorge Zahar, 1998.

LACAN, J. (1957-1958). *O seminário, livro V: As formações do inconsciente.* Rio de Janeiro: Zahar, 1999.

LACAN, J. (1964). *O seminário, livro XI: Os quatro conceitos fundamentais da psicanálise.* Rio de Janeiro: Zahar, 1979.

WINNICOTT, D. O papel de espelho do rosto da mãe. In: *O ambiente e os processos de maturação.* Porto Alegre: Artes Médicas, 1982.

Winnicott e os desafios da parentalidade

Lia Pitliuk

"*There is no such thing as an infant.*" Winnicott ([1960] 1982) lança esse comentário – tão famoso quanto provocativo – numa reunião científica da Sociedade Psicanalítica Britânica, em meados dos anos 1940. E explica: onde há bebê, há alguém cuidando dele.

Nós sabemos que um recém-nascido precisa de um cuidador e, no que se refere ao psiquismo, todos os psicanalistas, sem exceção, concordam que a presença e o trabalho de outro(s) ser(es) humano(s) são fundamentais para a constituição psíquica das pessoas.

O novo, aqui, é que dessa constatação aparentemente banal o psicanalista inglês extraiu uma consequência que mudou radicalmente o nosso modo de pensar a criação de bebês e crianças: a consideração de que *a vida psíquica começa numa relação* – mesmo que o bebê não tenha a menor ideia disso. Não é que primeiro haja um adulto e um bebê, e depois uma relação entre eles. Não se trata de o bebê nascer isolado e ter que se conectar com o entorno, como se pensava antes. A relação vem em primeiro lugar, e é dela que emergirá o sujeito humano.

Winnicott inverteu a formulação clássica, apontando como essencial que o início da vida se dê num estado de fusão bem-sucedida com um ser humano no novo ambiente – uma espécie de "gestação continuada", que, num primeiro momento, conseguisse evitar ao máximo grandes rupturas em relação ao estado pré-natal. Será no interior dessa relação originária que, ao longo do tempo, se darão processos de diferenciação sutis e "brincantes" na direção do estabelecimento, pelo bebê, de um "si-mesmo" e de um mundo "não-si-mesmo".

De imediato, surge uma questão: nesse processo constitutivo, como nomear esse(s) parceiro(s) das crianças? Os termos "pai" e "mãe" continuam tão claros hoje quanto já foram? Winnicott viveu e trabalhou ao longo do século XX, com a família articulada em torno do casal heterossexual, organizado numa divisão bastante estrita dos papéis masculino e feminino. O cenário era de bebês criados por mães caseiras e pais provedores; e, durante um período, houve também o quadro – e as muitas consequências – de uma política de evacuação das crianças para longe de suas famílias, numa Londres fustigada pela Segunda Guerra Mundial.

Esses dois "palcos" do desenvolvimento, vividos pelas milhares de crianças com que o psicanalista e pediatra inglês trabalhou, conduziram-no a se interessar vivamente pelo lugar e pela função *da mãe* e *do pai* na constituição das crianças, sem que esses nomes lhe trouxessem muitos problemas.

Hoje vivemos em contextos muito diversificados, e os termos "mãe" e "pai" vêm perdendo suas referências mais estáveis. Homens estão assumindo posições antes exclusivas de mães, do mesmo modo que mulheres assumem lugares que eram entendidos como do pai; as crianças vão cada vez mais cedo para as escolas, o que faz com que muitas das funções ditas maternas e paternas passem à responsabilidade de equipes de pessoas se alternando; e a criação de filhos por casais homossexuais, assim como a monoparentalidade – por reprodução natural ou assistida, ou ainda por adoção –, já fazem parte do nosso cotidiano.

São panoramas muito novos e, no que se refere às nomeações, de fato ficamos "sem pai nem mãe". Por outro lado, o termo "cuidador" não nos ajuda muito, porque, embora inclua a função fundamental do *cuidar*, a palavra carrega ressonâncias institucionais e profissionais – como as de babá, professor e profissional de saúde –, enquanto Winnicott está se referindo a um contexto de proximidade e intimidade muito maiores. Então, na falta de uma solução imediata para o problema dos termos, seguiremos nos referindo a mães e pais, deixando para o leitor a tarefa de, permanentemente, relativizar a concretude desses personagens, ajustando aos contextos a compreensão do que for sendo proposto.

Notemos, porém, que esse "embaralhamento das cartas" talvez nos ajude, porque, para além dos gêneros (masculino e feminino) e das funções (paterna e materna), ele realça o que há de mais precioso no que podemos entender por "parentalidade": sua função de *rede de suporte sensível* – rede concreta e rede simbólica – do sujeito, nas múltiplas configurações que se fazem necessárias ao longo da vida humana.

Sendo esse o nosso foco, vamos nos dedicar, por um lado, à constituição e às funções do laço mais precoce: pais-filhos, deixando para outra oportunidade o trabalho com as formas mais maduras das relações de dependência e da transicionalidade. Por outro lado, trataremos o tema estritamente do ponto de vista da saúde psíquica, em detrimento do exame da psicopatologia na relação das crianças com seus pais. Essa estratégia concerne ao próprio espírito do que vamos explorar: na constituição do pensamento, assim como na constituição de seres humanos, vale muito a pena cuidarmos bem dos alicerces.

Um ponto de partida

Freud, Ferenczi, Klein, Lacan, Bion... Todos os grandes pensadores da psicanálise trabalharam o tema da constituição subjetiva. Winnicott foi um deles, e temos pistas sobre algumas das circunstâncias que lhe permitiram fazer proposições que seguem tendo efeitos transformadores de grande alcance.

O contexto social, cultural e político em que viveu, num centro estratégico europeu, envolvido em duas guerras mundiais, certamente foi elemento de muito peso. Nesse universo, começou a investigar o psiquismo infantil não a partir da escuta dos adultos, como se deu com Freud e tantos outros, mas na relação direta com as crianças e seus pais. E, não menos importante, a manutenção de sua atividade como pediatra, em paralelo à de psicanalista, permitiu que a saúde psíquica fosse parte cotidiana de seu campo clínico. Essas condições, junto a algumas particularidades de seu temperamento e seus interesses, tornaram possível que ele produzisse grandes transformações nas ideias, até então dominantes, de saúde e patologia, de vida significativa ou malograda e de constituição subjetiva.

Entre os atributos mais importantes do pensamento de Winnicott está sua aliança – e sua preocupação – com o tema da liberdade, que se encontra em toda a sua obra, alojado nos mais diversos níveis de reflexão. Suas ideias sobre o início da vida, por exemplo, não escaparam dessa tônica – ele não se cansa de sublinhar que os bebês não são "matéria moldável":

> Cada bebê é uma "organização em marcha". Em cada bebê há uma centelha vital, e seu ímpeto para a vida, para o crescimento e o desenvolvimento é uma parcela do próprio bebê, algo que é inato na criança e que é impelido para a frente de um modo que não temos de compreender (Winnicott, [1949] 2019b, p. 29).

Nessa concepção, vemos o enorme respeito de Winnicott para com a singularidade de cada criança, numa espécie de contramão do momento histórico e cultural em que se inseria. Ao menos no Ocidente, o século XX estava imerso no funcionamento disciplinar, tão bem descrito por Foucault, em que se desenvolviam tecnologias de moldagem dos indivíduos para que se ajustassem às necessidades da modernidade e de seus projetos econômicos e políticos. Entre essas tecnologias podemos destacar, por exemplo, a escalada do projeto behaviorista, com seu plano de conduzir as pessoas ao que se considerava uma "boa vida". Vivia-se também o auge do projeto científico de garantir essa suposta "boa vida" através do discurso de especialistas – médicos, psicólogos, enfermeiros, etc. E, lembremos, era o tempo da ascensão da publicidade, vendendo/estabelecendo produtos e serviços que, também eles, assegurariam uma "boa vida".

De modos determinados e veementes, Winnicott irá se insurgir contra as formas de dominação que, a seus olhos, ameaçam nossa espontaneidade, nossa integridade, nossa dignidade, nossa existência. Considerar a singularidade de cada criança viria a ser uma das maiores contribuições do autor nesse sentido. Para Winnicott, a criança é singular e ativa, mas não autônoma: o ambiente – e aqui trataremos fundamentalmente dos pais como ambiente – tem a responsabilidade de prover o necessário para o amadurecimento dessa singularidade, prover os "alimentos" que nutrirão aquela vida em desenvolvimento.

Mas a responsabilidade parental – que não é pequena – termina aí.

> [...] se você acabou de colocar um bulbo na estufa de plantas, sabe perfeitamente que não precisa interferir para que o bulbo se desenvolva e se converta num narciso. Você providenciará o tipo exato de terra e conservará a planta regada na dose certa; o resto vem naturalmente, porque o bulbo possui vida em si mesmo. Ora, a assistência às crianças é muito mais complicada do que a assistência a um bulbo de narciso, mas o exemplo serve ao meu objetivo porque, tanto no bulbo quanto na criança, algo está em marcha que não é da sua responsabilidade (Winnicott, [1949] 2019b, p. 29).

Sua ideia básica, assim, é que os pais não produzem um filho, no sentido de que ele seja efeito direto do que eles possam pretender: as crianças, como a planta, nascem com um potencial singular, que se desenvolverá – mais ou menos – conforme as condições ambientais que lhes forem fornecidas. É a partir desse pressuposto que Winnicott trabalha o tema da parentalidade.

Na mesma direção, ele também se posiciona fortemente contra "ensinar a parentalidade" e contra a valorização da palavra dos especialistas em detrimento da inclinação sensível e intuitiva, resultante do processo identificatório dos pais com seus bebês. Para ele, a função essencial dos especialistas será, sempre, a de sustentar os pais em suas funções – se, quando e quanto isso se fizer necessário.

Ao longo dos anos, de fato, Winnicott se desdobra no esforço de preservar pais e mães da invasão do mundo dito científico na relação deles com seus filhos, e a destronar a razão como motor mais adequado para a condução do delicado trabalho parental. Lemos:

> [...] uma mãe (incluo o pai) não necessita ter uma compreensão intelectual das necessidades do lactente. Uma compreensão intelectual dessas necessidades é inútil para ela e através dos tempos as mães têm satisfeito as necessidades dos seus bebês, de modo geral (Winnicott, [1962] 1982, p. 66-67).

Elas fazem isso apoiadas no que sentem – tanto seguindo a necessidade premente, no início, de atender seus filhos, quanto "falhando" aos poucos, na medida em que aumentam as aquisições e habilidades do bebê. É o que veremos ao longo deste texto.

O necessário

Dissemos: a parentalidade implica prover o *necessário*. Mas o que se entende por necessário? Isso variou muito ao longo da história, e há investigações de peso sobre como as diferentes culturas cuidaram das crianças conforme os tipos de adultos que pretendiam formar. Cada orientação do trato com as crianças está ligada a um conjunto de princípios e aspirações, o que faz com que não possamos pensar a parentalidade sem, imediatamente, examinar nossos valores e ideais.

Winnicott explicita os seus ao longo de toda a sua obra, concebendo parâmetros de saúde psíquica vinculados ao sentimento de estar vivo, de existir, de viver de modo próprio e com relativa autonomia, de viver uma vida criativa que "valha a pena ser vivida". E, se ele se pôs a defender esses valores com tanta intensidade, foi por avaliar o quanto eles estavam ameaçados pelos modos de viver e de pensar que, já em seu tempo, vinham sendo praticados.

Por exemplo, ele sublinhará a importância central, para a saúde, do desenvolvimento da capacidade de ficar só – uma capacidade, justamente, que tem uma incidência fundamental em muitas outras, tais como as de se concentrar, criar, lidar com separações afetivas e até mesmo viver sem dependências mais graves.

Segundo o autor, esse desenvolvimento se apoia no cenário – repetido – de ficar só *na presença da mãe*, de modo que a criança possa, relaxadamente, viver experiências próprias. Sublinhemos: ficar só na presença da mãe é uma condição necessária para o desenvolvimento da capacidade de ficar só propriamente dita; portanto, se pretendemos que as novas gerações tenham essa capacidade, um ser humano confiável deverá lhes fornecer a dose necessária de disponibilidade física e psíquica.

Em meados do século XX essa disponibilidade era pensada a partir de uma divisão precisa de funções: a mulher se voltava quase que exclusivamente para a maternidade, enquanto o pai do bebê assumia vários lugares de sustentação da dupla mãe-filho. Se os adultos estivessem em boas condições de saúde psíquica e física, essa organização familiar poderia dar conta, pensava Winnicott, da provisão dos cuidados necessários para o desenvolvimento de crianças saudáveis. E o corolário disso é que na redução dessas disponibilidades, pelos motivos que forem – individuais e sociais –, devemos nos preparar para uma falha na aquisição da capacidade de ficar só, e suas consequências.

Podemos discutir se a organização sociocultural do século XX correspondia tão plenamente às imagens que se fazia dela, e também quais os custos de se viver naqueles arranjos. De qualquer modo, desde então vivemos mutações de todas as ordens: científicas, tecnológicas, ideológicas; mudaram nossas cidades, nossos ritmos de vida, nossos regimes de trabalho e de conjugalidade, nossos modos de encarar gênero, sexualidade, relação amorosa... A lista seria infindável. O fato é que não vivemos do mesmo modo, não somos os mesmos. Precisamos então clarear que tipos de cuidado parental consideramos, agora, verdadeiramente necessários.

Vale ressaltar que esses não são problemas a se endereçar apenas às mães e aos pais, ou seja, às pessoas que exercem a parentalidade, como se elas pudessem, por si mesmas, conciliar as enormes contradições que a sociedade lhes propõe no que se refere à criação dos filhos. Nossos ideais de saúde, de vida e de possibilidades subjetivas precisam ser discutidos em todos os âmbitos, da esfera mais individual ao plano sociocultural.

Um primeiro necessário

Voltando então ao princípio da vida, Winnicott toma a prematuridade psíquica como premissa (a mesma assumida pelos psicanalistas de todas as correntes teóricas), considerando essencial que o novo ambiente do recém-nascido lhe permita a experiência de uma *continuidade de ser*: que ele não seja perturbado, invadido e desestabilizado por estímulos que ainda não consegue processar. Ou seja, a proposta winnicottiana do necessário, no início, se liga à concepção de que, para poder fazer seu percurso de amadurecimento, o bebê deve estar protegido de abalos maiores, advindos de quaisquer fontes.

Isso só pode ser provido por uma maternagem de natureza muito específica. Winnicott concebe, por parte das mães, uma capacidade especial de apreensão advinda de um estado extraordinário que ele chama de "preocupação materna primária": um estado particular e passageiro que as tornaria mais aptas a perceber e a fornecer o que seus filhos recém-chegados precisam. Trata-se de uma espécie de sintonia profunda que a mãe estabeleceria com seu bebê, já antes do nascimento e durante seus primeiros meses de vida, apoiada em sua própria história enquanto bebê e também em sua história como mãe *deste* bebê, desde o momento em que desejou e aceitou ser sua mãe.

> Por causa dessa identificação com o bebê elas mais ou menos sabem o que ele necessita. Refiro-me a coisas vitais como ser segurado ao colo, mudado de lado, deitado e levantado, ser acariciado; e naturalmente, ser alimentado de um modo sensato [...] (Winnicott, [1962] 1982, p. 67).

É uma *posição* da mãe, onde está implicada a ideia winnicottiana de que no começo da vida deve-se exigir dos bebês o mínimo possível de adaptação ao mundo; aliás, bem ao contrário, é o mundo que precisa se adaptar a eles. Em que medida? Numa medida *suficientemente boa.*

Winnicott enuncia, assim, a noção da "mãe suficientemente boa".

O suficientemente bom

A concepção de uma parentalidade suficientemente boa tem promovido muitos equívocos na direção de uma suposta idealização dos cuidados parentais. É compreensível: o adjetivo "bom" rapidamente atrai a imagem de algo bondoso, benéfico, adequado, até mesmo exemplar ou sublime, em oposição ao que seria inadequado, nocivo, mau, chegando ao odioso e ao condenável.

Não, nosso autor não está se referindo a pais sublimes ou perfeitos, não há parâmetros externos à experiência da dupla mãe-bebê para qualquer tipo de avaliação de "desempenho parental". O "suficientemente bom" contém a ideia de um atendimento suficiente para que o potencial daquele ser em constituição possa se desenvolver. E aqui temos algo fundamental: em se tratando de um potencial, o "bom" permanece sempre em aberto, relacionado ao que for se mostrando necessário em cada momento e contexto. De antemão, e fora do encontro, não há como configurar o bom (ou o mau).

Aliás, contrariando qualquer suposição de um olhar idealizante sobre as mães, Winnicott é contundente: "A mãe [...] odeia seu bebê desde o início" (Winnicott, [1947] 1978, p. 350). Ou seja, o autor se refere sempre a pais e mães de carne e osso que, vivendo toda a gama de sentimentos humanos, seguem sendo pais suficientemente bons. Há muitas razões para o ódio materno, diz Winnicott, das quais podemos citar uns poucos exemplos:

> O bebê representa um perigo para o seu corpo durante a gravidez e durante o parto; o bebê é uma interferência na sua vida privada; [...] o bebê machuca seu mamilo mesmo quando mama [...]; ele é grosseiro, trata-a como uma pessoa qualquer, uma empregada não remunerada, uma escrava; ela tem que amá-lo, de qualquer forma, com excreções e tudo, no início [...] seu amor excitado é interesseiro e ele a joga fora como uma casca de laranja, quando consegue o que quer; [...] se ela o frustra no início, sabe que ele vai tirar a desforra para sempre [...] (Winnicott, [1947] 1978, p. 352).

E diz, ainda:

> A coisa mais notável acerca de uma mãe é sua habilidade de se deixar ferir tanto pelo bebê, e de odiar tanto, sem se vingar na criança, e sua habilidade em esperar por recompensas que podem ou não vir mais tarde (Winnicott, [1947] 1978, p. 352).

Temos então, em relação à parentalidade, também o desafio de pensarmos em que condições uma mãe pode tolerar seu próprio ódio de modo a, sem negá-lo ou reprimi-lo (o que é sempre mais perigoso), poder lhe dar destinos que não agridam seu bebê e não a impeçam de se dedicar a ele.

O necessário e o suficiente... também para os pais

Não há resposta simples à questão dos destinos do ódio materno e à sustentabilidade de sua dedicação, que envolvem muitos níveis de análise – incluindo-se, evidentemente, o psiquismo materno. Mas, no âmbito sociocultural, talvez tenhamos uma pista bem interessante numa palestra em que Winnicott descreve o que lhe parecia um lugar central de sustentação subjetiva da mulher, trazido pelo casamento e pela montagem de uma casa: "[...] a esposa governa a casa à sua maneira, enquanto o homem tem sua maneira própria no tocante ao trabalho. Todo mundo sabe que o lar do cidadão inglês é o castelo de sua esposa" (Winnicott, [1964] 2019a, p. 135).

Este é o tema da palestra: a importância de fazer as coisas "do modo que lhe parece melhor", independentemente de eficácia, porque o que está em jogo é a possibilidade de imprimir, naquele universo, um modo *próprio* de fazer as coisas. E já nesse contexto Winnicott denuncia as transformações monumentais do mundo do trabalho – para os homens, naquele momento –, que, em sua opinião, começa a deixar de ser espaço de expressão, de realização e de satisfação:

> Raramente um homem sente-se identificado com o seu trabalho, e esta situação tem piorado à medida que os artífices, os pequenos negociantes e lojistas, e os pequenos homens em geral, tendem a desaparecer, submersos nas grandes organizações (Winnicott, [1964] 2019a, p. 135).

Assim, já em meados do século XX, Winnicott pensa que, enquanto os homens vão perdendo suas possibilidades de decisão e expressão, esmagados pelos novos modos de organização do trabalho, as mulheres ainda as têm no âmbito do lar e, mais precisamente, no da maternidade.

Hoje não pensamos que o "domínio do lar" seja o único campo possível de expressão e realização de uma mulher – ou de um homem.

Mas, certamente, podemos afirmar que é absolutamente necessário que exista(m) campo(s) de expressão e de realização pessoais para que adultos queiram e possam desempenhar funções parentais de modos suficientemente bons.

Entretanto, no âmbito social, nosso projeto civilizatório não está assim orientado. Bem ao contrário, para o exercício da parentalidade, homens e mulheres se desdobram entre exigências inconciliáveis, fazendo muito mais do que podem e se sentindo constantemente inseguros, frustrados e culpados, por tomarem para si a responsabilidade de solucionar individualmente impasses que, de fato, estão situados fora do campo individual.

Assim, novamente: nosso desafio parece estar em tomarmos para nós a responsabilidade de, coletivamente, discutirmos os ideais de vida que desejamos sustentar para, a partir deles, trabalharmos em prol dos modos de vida que os possibilitem.

Sustentação, ilusão, onipotência, dependência

Retomando o início da relação mãe-bebê, o termo-chave que Winnicott utiliza para caracterizar o essencial da atitude materna suficientemente boa *é* "*holding*" (que traduzimos por "segurar/sustentar"). É uma atitude que localizamos facilmente na sustentação dada pelo "segurar no colo", mas que, desde o início, se apresenta em múltiplos desdobramentos psíquicos (além dos somáticos); aliás, antes de qualquer coisa, a mãe sustenta o bebê em seu próprio psiquismo. Não é assim que mulheres com sono pesado se tornam mães que, dormindo, escutam o menor murmúrio de seus bebês?

Trata-se da proteção, dos cuidados, da própria rotina cotidiana que leva em conta a sensibilidade daquela criança em particular: a mãe acompanha as transformações do bebê, que vão exigindo, a cada dia, mudanças no modo de lidar com ele, em suas vertentes somáticas e psíquicas. E é no âmbito da *sustentação* que se instaura o que entendemos por confiança, segurança e amor – não numa acepção sentimentalista, de que Winnicott não gostava nem um pouco, mas enquanto elementos para a criança se instalar, verdadeiramente, no mundo e nas relações.

Uma sustentação suficientemente boa, em que os incômodos são suficientemente sanados num lapso de tempo suficientemente suportável, permitirá que o bebê tenha a *ilusão* de que ele mesmo satisfaz suas necessidades, de que ele pode criar aquilo de que necessita:

> O bebê diz (sem palavras, é claro): "Estou precisando de...", e neste momento a mãe vira o bebê de lado ou se aproxima com as coisas necessárias para alimentá-lo, e o bebê pode, então, completar a sua frase: "... uma mudança de posição, um peito, mamilo, leite, etc., etc." (Winnicott, [1967] 2012, p. 89-90).

Ou seja, ele tem uma *experiência de onipotência*, um sentimento de que ele criou aquilo de que necessita. Evidentemente, nada disso se passa no nível intelectual. Nesse momento, os bebês não têm noção de si mesmos ou do mundo, mas registram essa experiência de criar o que precisam (e que não sabem que lhes foi fornecido). Essa é a base da capacidade de criatividade e de confiança.

Nem mesmo da mãe enquanto pessoa os bebês têm noção e, na realidade, é o ambiente como um todo que tem a função de dar a sustentação requerida em cada etapa. É assim que, por exemplo, no contexto da família tradicional, Winnicott diz que o pai, se está presente, também não é percebido como pessoa: faz parte do ambiente. Nesse início, sua função principal é a de sustentar o par mãe-bebê, de modo que a mãe possa entrar e permanecer no estado de *preocupação materna primária* durante o tempo necessário. Ele também terá lugar bastante importante um pouco mais tarde, ajudando a sustentar as mudanças na relação mãe-bebê.

A sustentação, assim, se amplia em direção a uma concepção de *rede de sustentação*, funcionando por meio de círculos concêntricos, com o par mãe-bebê sendo o de menor diâmetro. Ao longo de toda a composição de círculos, temos a *dependência*, elemento pertencente a cada trecho do caminho de amadurecimento. Mais do que tudo, trata-se, em Winnicott, da aceitação e do atendimento dos modos de dependência humana, entendida esta última como ingrediente primordial e estruturante da subjetividade.

Este é um ponto muito censurado e desaprovado na vida contemporânea: crianças e adultos são pressionados a desenvolver autonomias-padrão, estejam eles prontos para elas ou não. Há uma forte tendência à negação das nossas necessidades de dependência e, como já apontamos, talvez isso esteja fortemente relacionado à presença compensatória de graus extremos de dependência a substâncias, objetos de consumo e mesmo pessoas – transformadas, também elas, em objetos utilitários e de consumo.

Desilusão, transicionalidade, brincar

Identificar-se e suprir ao máximo seu bebê, promovendo-lhe o campo da ilusão, *é* a função primária da mãe; desiludi-lo, na medida em que ele for suportando a desilusão, *é* sua segunda função – novamente ajudada pelo pai. Recusar, adiar, eclipsar-se e mesmo se ausentar serão tão necessários quanto acolher, atender ou abraçar, em momentos e circunstâncias diferentes.

Tem-se então uma configuração que vai ficando mais complexa. A experiência do bebê de que pode criar aquilo de que necessita, seu amadurecimento e a "convalescença" da mãe do seu estado de preocupação materna primária são elementos que propiciam o surgimento, nos entremeios da relação mãe-bebê, do que Winnicott chama de objetos e fenômenos *transicionais*.

Transicional é algo que, aos olhos da criança, faz parte do mundo, mas também é dela; é inanimado, mas tem uma espécie de vida própria; em certa medida é a mãe, mas, ao mesmo tempo, não o é, chegando, inclusive, a ser mais importante que ela. Pode ser um brinquedo macio, um pedaço de pano, um som: de fato, o que é transicional é o *uso* que a criança faz do objeto ou do fenômeno, transformando-o em elemento-ponte com aquilo que, aos poucos, ela vai concebendo como externo.

Com essa construção, Winnicott chega ao conceito de "espaço potencial" entre o bebê e a mãe,

> [...] que se transforma em uma infinita área de separação, que o bebê, a criança, o adolescente ou o adulto podem preencher criativamente

> com o brincar, transformado ao longo do tempo na fruição do patrimônio cultural (Winnicott, [1971] 2019c, p. 174).

De fato, para ele, o campo da transicionalidade será, por toda a vida, o espaço do encontro e da criatividade, só possível graças à confiabilidade do ambiente:

> [...] é preciso, em primeiro lugar, proteger a relação entre bebê e mãe [...] desde o início do desenvolvimento da criança, permitindo, assim, o surgimento do espaço potencial em que – por causa da confiança – ela possa brincar criativamente (p. 176).

Aí está: entre os múltiplos *trabalhos* que vão se dando no interior da fusão mãe-bebê e na criação do espaço potencial, estão os do *brincar* – verbo substantivado de importância máxima na constituição subjetiva. Não se trata necessariamente de atividades com objetos que reconhecemos como brinquedos ou que divertem; mas de atos que, através da atividade imaginativa, transmutam algo da realidade, promovendo a criação de uma nova. Um prato tem para nós a função utilitária de acomodar os alimentos; mas, num movimento lúdico e criativo, ele se transforma num chapéu, numa piscina, num barco, numa roda... naquilo que o "brincante" inventar. É nesse espaço, diz Winnicott, que se vive de modo pessoal e próprio, já que nele se pode imprimir um "si-mesmo" na relação com o mundo, uma "vida viva".

Apenas como ilustração, tomemos um dos brincares mais significativos no desenvolvimento das crianças: o esconde-esconde, em suas variadas versões. Notemos o quanto ele explora e constrói as noções de presença, ausência, continuidade de existência; a capacidade de espera, do lado do bebê, e o eclipsar-se, do lado da mãe. Através desse brincar, entre outros, mãe e bebê vão se "desmamando" em termos psíquicos, na mesma medida em que vão se "re-unindo" de novos modos, através de novos meios de contato, de comunicação e de simbolização – de novos brincares, podemos dizer.

A consideração do brincar coloca sérios questionamentos relativos à vida contemporânea. A redução de espaços e tempos do brincar é notória e avança a passos largos: crianças sendo treinadas desde bebês para o mundo competitivo do trabalho; pais exauridos pelas demandas profissionais e de administração de uma vida cada vez mais impossível de administrar; e o campo do consumo, por outro lado, que vem se apropriando cada vez mais dos espaços brincantes, oferecendo objetos superformatados – brinquedos de crianças e brinquedos de adultos –, pouco abertos à exploração e à invenção pessoais, ou seja, a um verdadeiro brincar.

Nesse panorama, as elaborações de Winnicott sobre a constituição subjetiva são mais necessárias e atuais do que nunca. Sua obra evidencia, de modos contundentes, o quanto é fundamental, para a saúde de todos – e principalmente para a dos seres em formação –, fomentar e proteger os espaços de dependência/sustentação, assim como os espaços brincantes, entendidos como espaços de existência, de liberdade e de troca com o que nos cerca.

Eis os maiores desafios – e os maiores prazeres – do exercício da parentalidade.

Referências

WINNICOTT, D. W. (1947). O ódio na contratransferência. In: *Textos selecionados: da pediatria à psicanálise.* Rio de Janeiro: Francisco Alves, 1978.

WINNICOTT, D. W. (1960). Teoria do relacionamento paterno-infantil. In: *O ambiente e os processos de maturação.* Porto Alegre: Artmed, 1982.

WINNICOTT, D. W. (1962). Provisão para a criança na saúde e na crise. In: *O ambiente e os processos de maturação.* Porto Alegre: Artmed, 1982.

WINNICOTT, D. W. (1964). Os padrões deles e os seus. In: *A criança e o seu mundo.* Rio de Janeiro: LTC, 2019a.

WINNICOTT, D. W. (1967). A comunicação entre o bebê e a mãe e entre a mãe e o bebê: convergências e divergências. In: *Os bebês e suas mães.* São Paulo: Martins Fontes, 2012.

WINNICOTT, D. W. (1949). O bebê como organização em marcha. In: *A criança e o seu mundo.* Rio de Janeiro: LTC, 2019b.

WINNICOTT, D. W. (1971). O lugar em que vivemos. In: *O brincar e a realidade.* São Paulo: Ubu, 2019c.

A radicalidade da ética (psicanalítica) de Françoise Dolto

Luciana Pires

Para ela [Dolto], o conhecimento sempre foi uma experiência,
e as crianças é que eram seus mestres.
Michel Ledoux, 1991.

Quisera uma linguagem que obedecesse
a desordem das falas infantis.
Manoel de Barros, 2006.

I

Figura onipresente na cultura francesa, Françoise Dolto foi uma pediatra e psicanalista de crianças que viveu de 1908 a 1988 em Paris, com ampla penetração na vida pública. Além de seu consultório particular, atendeu, de 1941 a 1978, crianças em psicanálise no Hospital Trousseau, sem jamais ser remunerada por isso. Também proferiu uma série de programas de rádio entre 1976 e 1978 e, em 1979, fundou a primeira Maison Verte,[1] instituição concebida com a preocupação de criar as melhores condições para a socialização precoce de crianças abaixo de três anos e seus cuidadores. Existem até os dias de hoje cerca de 100 Maisons Vertes espalhadas pelo mundo.

[1] Para ler mais sobre a Maison Verte, remeto o leitor a dois textos de Daniela Teperman: "Maison Verte: a atualidade de um dispositivo institucional voltado à primeira infância e aos pais" (2016) e "Françoise Dolto e a Maison Verte" (2014).

Pretendo destacar em sua obra a radicalidade de seu posicionamento ético com relação às crianças, esmerando-se em jamais reificá-las como mero produto do interesse dos adultos. Essa sua condução, aliás, faz-se válida em muitos dos campos de cuidado da infância, para além da psicanálise infantil.

II

A radicalidade de Dolto se expressa de modo contundente em sua estranha concepção do desejo de nascer e de existir. Dolto advogava que uma criança decide nascer e sobreviver no contexto em que veio ao mundo e era capaz de dizer para uma criança nascida em condições familiares adversas: "Você é que desejou nascer com esse pai e com essa mãe". Como assim?! Essa afirmação não cessa de produzir espanto por sua lógica transcendente: a criança é capaz de escolher se nasce ou se não nasce e, desse modo, põe-se responsável pelos pais que tem! Embora a sustentação lógica de tal ideia se faça dificultosa, ela é absolutamente primorosa do ponto de vista da aposta ética que implica, pois nos faz escapar de uma concepção determinística histórica da criança que, nesse caso, seria reduzida a puro efeito da história e do desejo dos adultos e de gerações pregressas. Pelas mãos dessa concepção de desejo de nascer, a criança torna-se sujeito por excelência, não secundarizada pelos adultos, e o humano torna-se perpetuamente simbolizante. Foi essa a marca mais profunda que a obra de Dolto deixou em mim.

Como suporte dessa concepção de desejo de nascer e de existir, Françoise Dolto lembrava dos muitos recém-nascidos que morrem em tenra idade. Encontramos aqui ecos do trabalho de seu contemporâneo Rene Spitz (1887-1974), psiquiatra alemão e psicanalista infantil, que desenvolveu um longo estudo de observação de crianças em abrigos durante a Segunda Guerra Mundial e descreveu um fenômeno que denominou de "hospitalismo": bebês que morrem por não ter sido atendidos em suas necessidades de afeto e investimento libidinal. Eram bebês que, dada a sobrecarga dos abrigos, foram cuidados como mero corpo, maquinalmente, sem que nenhuma troca afetiva pudesse ser travada com seus assoberbados cuidadores. E muitos deles morriam sem nenhuma razão orgânica; era como se seu psiquismo não recebesse nutrição simbólica e afetiva o suficiente. Nas palavras de Dolto, esses bebês escolhiam morrer, pois não tinham alimento para sustentação de sua pulsão de vida.

III

Imaginemos uma criança que dá seus primeiros passos cambaleantes, partindo do sofá em direção à poltrona do outro lado da sala. Ao chegar à poltrona, desce ao chão e retorna engatinhando rápido e animadamente para o sofá de onde partiu. Chegando ao sofá, se apoia no assento, levanta-se e, mais uma vez, caminha em direção à poltrona.

Françoise Dolto se intriga com essa cena corriqueira da primeira infância: mas por que é que a criança não faz o percurso de retorno ao sofá caminhando, já que acabou de aprender a andar? Munida de anos e anos de escuta e observação da infância, Dolto nos conduz ao entendimento de um modo singular de apreensão do próprio corpo e de si. Depreende que a criança entende que a recém-conquistada capacidade de caminhar se deve a uma mistura de si, daquele ângulo da sala, daquele apoio no sofá, daquela luminosidade. Dito de outro modo, não é a criança que sabe andar, mas um todo amalgamado do corpo da criança e do entorno no qual está inserida. Como se fosse aquele percurso que a faz caminhar, e não ela quem caminha. Assim, quando se vê em outro ângulo da sala, com outros móveis e corpos ao redor, a criança não se crê capaz de caminhar.

Tudo isso pode parecer estranho. E nós, adultos, logo pensamos: como são esquisitas essas crianças! Mas não nos esqueçamos de que desde Freud o infantil a todos habita. E não precisamos ir muito longe para nos lembrar de como nossa percepção de nós mesmos e de nossas capacidades e pensamentos é contingencial ao momento em que vivemos. No campo do aprendizado escolar, por exemplo, quando ainda cambaleamos na aquisição ou na compreensão de um conteúdo, repetimos o percurso original de aprendizado se queremos reaplicá-lo ou ensiná-lo a outra pessoa. Ou, ainda, lembremo-nos de quantos pensamentos são dependentes da companhia ou de quanta memória é contingente a uma localização geográfica.[2]

Somos sensibilizados, assim, para a extensão dos limites da percepção de nosso corpo, que inclui, na infância (e além dela), o corpo dos outros, os objetos e o ambiente ao redor. Em consonância, ao refletir sobre a anorexia que pode acometer o bebê de colo quando o adulto cuidador se ausenta, Dolto diz que não é do cuidador que o bebê sente falta, mas de si mesmo. Como compreender essa colocação? O que a psicanalista está afirmando é que a percepção do bebê da própria fome e da capacidade de mamar, de sua boca e seu tubo digestivo está intimamente ligada à apreensão do corpo do cuidador que o segura no colo e lhe dá de mamar, a seu cheiro, ao batimento de seu coração, a sua voz. E, quando esse cuidador se ausenta, o bebê já não é mais capaz de reconhecer sua fome e suas proezas orais e digestivas.

Uma das mais famosas intervenções de Dolto decorre dessa compreensão: um bebezinho se recusava a se alimentar desde que sua mãe

---

[2] Muitos exemplos do enraizamento da memória no espaço se encontram no espetacular livro *Memória e sociedade: lembranças de velhos*, de Ecléa Bosi (1994). Acompanhemos uma declaração da autora em entrevista feita por Mozahir Salomão *Bruck*: "Eu aprecio muitíssimo esse conceito criado por Simone Weil para entendimento da cultura: o enraizamento. Os deslocamentos constantes a que nos obriga a vida moderna não nos permite um enraizamento num dado espaço ou numa comunidade, mas este continua sendo um direito humano fundamental. Como dizia Simone Weil, o ser humano tem uma raiz por sua participação real numa coletividade, que conserva vivos certos tesouros do passado e certos pressentimentos do futuro. O desenraizamento a que nos obriga a vida moderna é uma condição desagregadora da memória. Um dos mais cruéis exercícios da opressão na sociedade moderna (opressão de natureza econômica) é a espoliação das lembranças. Eu penso que os urbanistas, quando fazem projetos sobre as cidades, deveriam escutar os velhos moradores e estarem abertos a sua memória, que é a memória de cada rua, de cada bairro. Eles estariam recuperando a dimensão humana do espaço que é um problema político dos mais urgentes. A sobrevida de um grupo se liga estreitamente à morfologia da cidade e essa ligação se desarticula quando a especulação urbana causa um grau intolerável de desenraizamento. Há nos habitantes do bairro o sentimento de pertencer a uma tradição, a uma maneira de ver que anima a vida das ruas, das praças, dos mercados e das esquinas" (BOSI; BRUCK, 2012, p. 199).

fora afastada dele e internada por motivos de saúde. A psicanalista então sugere que o pai recolha uma peça de roupa com o cheiro da mãe e a amarre na mamadeira do bebê. E eis que, de posse dessa mamadeira com cheiro da mãe, o bebê volta a mamar![3]

Mas escutemos com maior radicalidade o que a pediatra e psicanalista está dizendo: a fome e a capacidade de sucção e de deglutição do bebê não se localizam dentro dos limites d e seu corpo, mas se encontram alhures numa rede que inclui seu corpo, o corpo dos outros ao redor, o ambiente, a cultura, os sons. Imaginem esta figura extraordinária: figura amalgamada composta de vários corpos palpáveis e etéreos. Essa é a essência do humano para Françoise Dolto.

Dolto constrói mirabolantes ficções do infantil que, partindo da experiência de corpo, apontam para a profunda interdependência do humano com relação a outros humanos, à cultura e a seu habitat. Seu pensamento crava âncora no terreno da fisicalidade, e somos rodeados de sons, cheiros, cores, calores, posturas e olhares. Mas sutilmente notamos que essa fisicalidade não é autorreferida ou autoengendrada, e sim composta por encontros e trocas humanas. Encontramos, pois, Eros cravado no cerne do corpo.

Se essa visão se fazia profundamente necessária nos anos 1970, 1980, época em que Dolto produziu sua obra, sabemos o quanto ela se faz novamente necessária nos tempos atuais, em que o humano parece se resumir a mediadores químicos de ligações neuronais.

Ao amarrar à mamadeira do bebê um pedaço da roupa da mãe com seu cheiro, o pai e a analista estão (usando um neologismo doltoniano) "mamãezando"[4] a mamadeira. Dolto diz ter aprendido essa palavra com uma criança, e refere-se ao contágio de familiaridade que a relação da mãe[5]

---

[3] Ver "Caso Agnes" (DOLTO, 2007, p. 52).

[4] Ou "mãeficando" e "mãeficados", como encontramos no livro *A imagem inconsciente do corpo*, em que Dolto (2007, p. 55) define: "objetos 'mãeficados', isto é, [...] objetos que suscitam na criança, por associações de fantasmas, a presença reasseguradora memorizada de sua mãe".

[5] Ou qualquer outro cuidador primário, cuidador de referência nos primórdios da vida. Nas palavras de Ledoux (1991, p. 35), trata-se do "outro primordial".

com as coisas e as pessoas ao redor produz no filho, que, por essa via, se sente em relação com a mãe num campo estendido. Em poucas palavras, ao ver a mãe se relacionando com alguém ou algum objeto, o bebê passa a considerar essa pessoa ou objeto como um representante dela. De tal modo que, se ela se ausenta, esse campo estendido faz companhia e apazigua o bebê. O ambiente, a pessoa com quem ela se relacionou, o objeto que ela manuseou são, desse modo, "mamãezados", ou seja, de certa maneira transformados em mamãe. Os contornos da mãe, assim, se expandem elasticamente.

O bebê que manifestava um comportamento anoréxico porque a mãe teve que se afastar não recebia a mamadeira como uma extensão do campo de relação com mãe, embebida do mesmo afeto e segurança. Aquela mamadeira não guardava a memória da mãe para ele. É então pela via do odor que se desprende da roupa da mãe atada à mamadeira que esse objeto se associa à mãe e a todo um leque de experiências primitivas com ela compartilhadas.

O ato de "mamãezar" é a essência da proposta das Maisons Vertes. A Maison Verte é uma instituição de passagem para a criança entre a casa e a escola. Pais levam seus filhos de até três anos para esse espaço de brincar e lá permanecem acompanhando-os. Lá as crianças encontram alguns brinquedos, poucas regras e terapeutas dispostos a intervir tão somente quando a angústia (em geral dos pais) pede sustentação. Assim, tanto pais quanto crianças se acostumam com a ampliação da circulação social e espacial da criança, e a sociedade deixa de ser hostil e oponente ao lar e à mãe. Em outras palavras, as Maisons Vertes, tal qual concebidas por Dolto, promovem um "mamãezar" da cultura e da sociedade para a criança, o que é uma ação simples mas extremamente potente em seu efeito apaziguador de possíveis sintomas da infância.

IV

Em sua teoria, Dolto opera essencialmente com dois conceitos-chave: imagem inconsciente do corpo e castrações simbolicogênicas, numa pulsação teórica entre presença e ausência, entre amálgama e corte.[6] Imagino o efeito de confusão e impenetrabilidade que os nomes desses dois conceitos produzem em você, caro leitor. Imagem inconsciente do corpo? Castrações simbolicogênicas?

As ideias que vimos desenvolvendo acima já apresentavam esses conceitos em ação sem que os tivéssemos nomeado. A criança que concebe que é seu corpo somado a uma parte da sala quem caminha; o bebê cujo corpo-que-tem-fome-e-mama inclui o cheiro da mãe; os objetos mamãezados como uma extensão da presença da mãe: todas essas descrições dão conta de um dos conceitos princeps de Dolto, o de imagem inconsciente de corpo. A imagem inconsciente de corpo é o modo particular como concebemos nosso corpo e que varia em cada etapa do desenvolvimento do sujeito. A experiência de si e de seu corpo de um feto é profundamente diferente da de um lactente, que, por sua vez, é diferente daquela da criança que está dando seus primeiros passos. Lembro um trecho de um livro de Dolto em que ela discorre sobre qual é a experiência de si do bebê que vive suspenso no colo de alguém, o dito "bebê de colo". Ela acredita que esse bebê compreende a si como alguém que flutua no espaço, sustentado por um tipo de guindaste.

A imagem inconsciente do corpo é essa figura amalgamada composta de vários corpos palpáveis e etéreos a que nos referíamos páginas atrás. Dolto entende que o modo como ocupamos nosso corpo depende fortemente de como ele foi enredado em encontros amorosos e, portanto, não coincide com o esquema corporal tal qual concebido pela medicina. Nas palavras dela, a imagem inconsciente do corpo é "a síntese vivente de nossas experiências emocionais: inter-humanas, repetitivamente vividas através das sensações erógenas" (Dolto *apud* Ledoux, 1991, p. 85).

Durante a Segunda Guerra, chegou ao consultório de Dolto um menino de oito anos que se esgueirava pelas paredes, incapaz de se sustentar em pé, tal qual uma marionete de fio que se desmancha quando não manipulada. Ele se chamava Leon. A psicanalista assim o descreve:

[6] "Ao longo da evolução de um ser humano, a função simbólica, a castração e a imagem do corpo estão estreitamente ligadas", dizia Dolto (2007, p. 65).

> Eu o vejo entrar no consultório [...], desde a porta, margeando a parede, apoiando-se nela, para depois vir se sentar, estender uma mão, apoiar-se sobre a mesa e se estatelar sobre a cadeira. Em seguida, ele se estatela sobre a mesa, braços, cotovelos e tórax apoiados, como se ele não pudesse, sentado, sustentar seu tronco verticalmente sobre o assento. Ele anda sempre assim, agarrando-se em todos os móveis e paredes, na rua, em um adulto ou um colega de escola, um pouco como um bebê que começa a se manter em pé, não podendo atravessar o espaço sem um apoio auxiliar. [...] Ele tem um rosto inexpressivo, olhos redondos, pouco móveis, sem expressão, a boca entreaberta. Ele vive sentado, estatelado (Dolto, 2007, p. 240-241).

Ouvindo a mãe contar a história do menino, Dolto aprende que até a idade de três, quatro anos ele foi mantido atado a uma cadeira ao lado da mesa onde seus pais e colegas de trabalho costuravam. Quando foi desfraldado, o assento da cadeira foi substituído por um penico, de modo que ele não precisasse sair do alcance dos olhos dos pais.

Esses dados são ressignificados a partir das comunicações de Leon com a psicanalista durante seu tratamento. Depois de um início bastante desencontrado entre o menino e a analista, a partir da quarta sessão, algum entendimento mútuo finalmente se cria, e Leon produz uma cadeira com massinha de modelar. Mas é só na sétima sessão que essa cadeira é nomeada, e em seguida o menino modela um homem e o coloca deitado no chão na frente da cadeira. Com a concordância de Leon, Dolto senta o homem de massinha na cadeira de massinha, e paciente e analista travam o seguinte diálogo:

> [Dolto:] "O que ele está pensando, este homem?". Nenhuma resposta. "Ele é amigo da cadeira?" Nenhuma resposta. "A cadeira está contente?" – "Oh, sim", diz Leon rapidamente com um tom de convicção. E ele acrescenta: "Ela está mais contente do que o homem". Eu o observo interrogativamente. "Sim, quando ele partir, ela ficará com as costas do homem, e ele não terá mais costas." [O paciente] [...] esboça um leve sorriso sarcástico (p. 250).

O caso de Leon é um exemplo de um tratamento analítico no qual o conceito de imagem inconsciente de corpo comparece como importante chave de escuta analítica. Através desse trabalho, o paciente tem uma melhora expressiva. A compreensão que Dolto teceu desse caso extraordinário se pauta na ideia de que o paciente não experimentou suas costas como integrante de seu corpo, já que esteve amarrado a uma cadeira por grande parte de sua primeira infância. É dessa maneira que podemos dizer que sua imagem inconsciente de corpo não tinha costas, pois estas não puderam ser experimentadas como modo de contato com o mundo, nem investidas no encontro com outros.[7]

Já o conceito de castrações simbolicogênicas foi construído por Françoise Dolto em 1940. As castrações se distribuem pelas diversas etapas do desenvolvimento, constituindo um movimento de contínuo afastamento do corpo-a-corpo materno. Em outras palavras, as castrações visam propiciar a separação gradual da criança do corpo-a-corpo com seus cuidadores e, assim, promovem uma mudança de posição na relação da criança com os outros. É como se cada uma das castrações simbolicogênicas representasse uma interdição da apropriação do corpo da criança pelo adulto e, vice-versa, da apropriação do corpo do adulto pela criança. Ou, melhor dizendo, uma interdição da apropriação mútua criança-adulto.

São seis as castrações simbolicogênicas: umbilical, oral, anal, do espelho, primária e edípica.[8] Elas são concebidas como simbolicogênicas porque cada escansão da ligação do bebê com o corpo de seus primeiros cuidadores corresponde a uma ampliação da capacidade de simbolização, num progressivo distanciamento e alargamento do campo relacional e simbólico. Nesse sentido, num efeito humanizante,

[7] O caso clínico de Leon, presente no livro *A imagem inconsciente do corpo*, possui muitos outros detalhes interessantíssimos sobre os quais não vamos nos demorar no presente texto, mas sugerimos fortemente ao leitor curioso sua leitura completa.

[8] Não nos cabe aqui detalhá-las. Sugiro a quem se interessar a leitura do livro *A imagem inconsciente do corpo*.

a frustração de um desejo leva o sujeito a transferir investimentos a objetos subsequentes, compondo uma sublimatória migração de circuitos curtos para longos.[9]

Uma vez, Dolto ouvia o relato do tratamento de um psicanalista e percebeu que ele intencionava, através de suas intervenções, promover a castração oral de seu pacientinho. A castração oral se dá quando "a criança separa-se do objeto parcial seio e do primeiro alimento lácteo [e] sua boca é privada do mamilo que ela julgava seu" (Nasio, 1994). Foi então que Dolto interveio dizendo algo como: "não se pode castrar oralmente aquele que ainda não tem boca".[10] Com essa colocação, Dolto atentava para o fato de que alguém só pode se separar daquilo que já tem, e que esse pacientinho ainda não tinha tido suficientes experiências de proximidade oral para poder se desmamar de modo enriquecedor.[11] Logo, no caminho agregador das castrações simbolicogênicas, só nos separamos daquilo que já possuímos. Quando uma criança deixa de mamar ao seio da mãe, o desmame não faz com que ela perca a marca constitutiva dessa experiência, pois a vivência já fora internalizada. E, além disso, a boca quando se desprende do seio pode ascender a outros usos, tornando-se, por exemplo, falante.

Em sua teorização, somos lembrados da importância de que a ausência se dê posteriormente à presença. É preciso abundância de suporte e fusão corporal antes que seja possível substituí-los por um contato mais distante; ou, ainda, são necessários suficientes objetos substanciais antes que estes sejam substituídos por objetos sutis. Em acréscimo, a própria castração ou separação só se dá a contento se feita através da presença simbolizante de cuidadores.

---

[9] Na mesma linha, já preconizava Freud ([1901] 1996, p. 694): "os adultos [...] após uma longa prática, sabem como adiar seus desejos até que eles possam realizar-se pelo caminho longo e indireto da alteração do mundo exterior".

[10] Notem que esta paciente "não tinha boca" assim como Leon "não tinha costas", o que significa que esses órgãos não tinham registro em suas imagens inconscientes de corpo.

[11] Mesmo aqueles que não foram alimentados ao seio podem ter a experiência de fusionamento com o cuidador-mamadeira que lhe fornece leite.

Ademais, Dolto afirma que o sujeito adulto que sustenta a castração da criança precisa estar, ele mesmo, castrado. É fundamental que a mesma lei que recai sobre a criança recaia também sobre o cuidador que a sustenta. Reiterando a necessidade de que o castrador seja castrado, a autora nos previne contra o gozo do castrador. Esse seria o caso de um cuidador que, ao dizer o que a criança pode ou não pode fazer, se vê onipotentemente gozando de uma posição de mais poder que o faz esquecer-se de seus próprios limites, fragilidades e limitações.

Se o adulto cuidador ordena que uma criança não faça isso ou aquilo porque entende que ela ainda não possui as habilidades para tanto, e, desobedientemente, a criança faz exatamente aquilo que tinha sido proibido e faz bem, Dolto aconselha que o adulto diga à criança: "Eu te proibi por achar que você não saberia fazer isso bem, mas me enganei. E você estava certa, pois tinha mesmo condições de fazer direito". Isso vale para subir no telhado, andar de bicicleta ladeira abaixo e tantas outras aventuras nas quais podemos imaginar uma criança se arriscando. Sei que essa direção do conselho de Dolto produz muito embaraço nos pais, acostumados que estão a entender que devem preservar sua autoridade custe o que custar.[12]

V

"Não entendo o que você quer dizer, mas tenho certeza de que faz sentido..." Assim Dolto aborda seus pacientes Dominique,[13] Leon e alguns outros. Nesses casos, salta aos olhos o fato de que é essa intervenção que produz o ponto de virada no trabalho com esses pacientes, mais do que as eventuais interpretações. O que opera transformações psíquicas não é a compreensão do sentido da fala, mas o

---

[12] Para aprofundar essa discussão sugerimos a leitura do capítulo "A dinâmica das pulsões e as chamadas reações de ciúme quando do nascimento de um irmão mais novo" do livro *No jogo do desejo: ensaios clínicos* (DOLTO, 1984).

[13] O Caso Dominique foi primeiramente publicado em 1971 e se trata das anotações do atendimento efetuado por Dolto (2010) em 12 sessões de um adolescente psicótico.

reconhecimento de que há um sujeito de sentido na fala. Correlatamente, numa entrevista concedida ao jornalista televisivo francês Bernard Pivot em 1987, Dolto (2003) afirmou: "Eu não sei o que o bebê me diz, mas eu sei que ele diz [...]; eu tento entendê-lo, e ele sabe que não o entendo exatamente".

É nesse sentido que podemos interpretar a afirmação de Dolto de que compreender não era fundamental para a cura, mas sim escutar, e que foram muitos os pacientes que ela curou sem nunca compreender. O que quer dizer escutar se não justamente dar espaço de construção de sentido ao paciente? A atribuição de sentido à criança, mais do que sua fala, era a grande intervenção de Dolto. A partir das intervenções e seus efeitos, deduzimos que ética e competência clínica se encontram justapostas e que o humano é curado ao lhe ser dada companhia simbolizante e testemunha ressoante.

Não se deve regrar por regrar, adverte Dolto. Regras em vão compõem um cenário perversor do valor da lei, e não o contrário. Mas não é só a mãe, o pai, o tio, o avô ou qualquer adulto que cumpra a função de cuidador primário que precisamos refrear para que não ganhe valor em cima da criança, para que não goze da posição de desigualdade que a relação adulto-criança prescreve. O psicanalista também precisa cuidar para que a dignidade de sujeito da criança esteja sempre no campo de suas intervenções.

Em poucas palavras, parodiando Dolto, não se deve comer só porque mamãe quer, nem tampouco se deve falar porque o psicanalista quer. Há de se castrar os pais; há de se castrar também os psicanalistas: talvez assim resumíssemos os seguintes livros da psicanalista: *Pediatria e psicanálise* (1988),[14] *Seminário de psicanálise de crianças* (2017) e as conversas de rádio que foram publicadas no livro *Quando os filhos precisam dos pais* (2008).

Ler os textos de Dolto sempre me recoloca nos eixos, oferece precisão com relação ao que podemos com nossa clínica e alerta para o cuidado de não sobrepormos os limites éticos dos pacientes em nome

[14] Tese de doutorado em Medicina de 1939, editada e publicada em 1971 pela Editora Seuil.

de nosso *furor curandis*. Espero que este texto tenha efeito semelhante em você que o lê.

Referências

BARROS, M. Aula. In: *Memórias inventadas: a segunda infância*. São Paulo: Planeta, 2006.

BOSI, E. *Memória e sociedade: lembranças de velhos*. São Paulo: Companhia das Letras, 1994.

BOSI, E.; BRUCK, M. S. Memória: enraizar-se é um direito fundamental do ser humano. Entrevista. *Revista Dispositiva: revista do programa em Comunicação Social da Faculdade de Comunicação e Artes da PUC Minas*, v. 1, n. 2, 2012.

DOLTO, F. *A imagem inconsciente do corpo*. São Paulo: Perspectiva, 2007.

DOLTO, F. *Les grands entretiens de Bernard Pivot. Entrevista*. Direção de Nicolas Ribowsky. Produção Ina. Paris: Gallimard. 1 DVD (168 min.), 2003.

DOLTO, F. *No jogo do desejo: ensaios clínicos. São Paulo:* Zahar, 1984.

DOLTO, F. *O caso Dominique*. São Paulo: Martins Fontes, 2010.

DOLTO, F. *Pediatria e psicanálise: as grandes noções de psicanálise; dezesseis observações de crianças*. Rio de Janeiro: Guanabara, 1988.

DOLTO, F. *Quando os filhos precisam dos pais: respostas a consultas de pais com dificuldades na educação dos filhos*. São Paulo: Martins Fontes, 2008.

DOLTO, F. *Seminário de psicanálise de crianças*. São Paulo: Martins Fontes, 2017.

FREUD, S. (1901). Sobre os sonhos. In: *Edição Standard Brasileira das Obras Psicológicas Completas de Sigmund Freud*. V. V. Rio de Janeiro: Imago, 1996.

LEDOUX, M. H. *Introdução à obra de Françoise Dolto*. Rio de Janeiro: Zahar, 1991.

NASIO, J.-D. *Introdução às obras de Freud, Ferenczi, Groddeck, Klein, Winnicott, Dolto, Lacan*. Rio de Janeiro: Zahar, 1994.

TEPERMAN, D. Françoise Dolto e a Maison Verte. In: *Família, parentalidade e época: um estudo psicanalítico*. São Paulo: Escuta, 2014.

TEPERMAN, D. Maison Verte: a atualidade de um dispositivo institucional voltado à primeira infância e aos pais. In: RABELLO, Silvana; BIALER, Marina. *Laço mãe-bebê: intervenções e cuidados*. São Paulo: Primavera, 2016.

Redes de apoio: cuidar de pais na chegada de um filho

Roberta Wanderley Kehdy

Tornar-se mãe e pai é processo complexo que abala o sentimento de ser si mesmo e reativa a vivência inicial de desamparo que experimentamos no começo da vida. A chegada de uma criança também mobiliza a rede social dos recém-pais. A construção da parentalidade impõe dupla tarefa aos pais e ao laço social: a constituição de uma nova posição subjetiva – sua construção como mãe e pai – e a relação desse novo lugar com as funções materna e paterna – sua tarefa de gerar outro sujeito humano, possibilitando a constituição do psiquismo do bebê.

O cuidado ao bebê exige muito trabalho psíquico para dar conta da dependência radical em que este se encontra e porta uma dimensão enigmática que implica ruptura com certezas prévias. Mas, ao mesmo tempo, gera processo de desarticulações e rearticulações, o qual abre espaço para movimentos de recomposição subjetiva e pode promover verdadeira reorganização narcísica em quem se dedica a essa função. Guerra (2013) denomina essa forma de cuidar "complexo do arcaico". É tarefa que se dá no corpo a corpo, como se segura, se alimenta e se limpa, e inclui os afetos, a sexualidade inconsciente, a singularidade de quem cuida.

Nesse momento inicial, a sensorialidade: ritmo, tom, melodia da voz são importantes na comunicação com o bebê. O bebê é sensível à musicalidade da linguagem e percebe, através desta, afeto e emoção compartilhados com o cuidador. Essa dimensão sensorial é tão importante quanto os sentidos que são dados ao que o bebê experiência por quem cuida dele. Cuidar implica estar muito atento para poder se identificar com o filho, apreender suas reações e vivências e dar nome a elas. Essa necessária identificação com o bebê traz para o primeiro plano a história do cuidador e reatualiza lembranças de como ele mesmo foi tratado e cuidado ou não quando pequeno.

Guerra ressalta ainda que, em muitos momentos, quem cuida de bebês se sente vulnerável quanto à imagem de si mesmo, passando a depender de seus acertos em traduzir as necessidades e os desejos e acalmar os momentos de angústia do bebê. Podem-se experimentar angústias intensas, pois emerge uma dimensão de violência fundamental. Violência, aqui, entendida no sentido de que o bebê não pode reconhecer explicitamente a necessidade do outro, estabelecendo uma situação de reinvindicação que beira a dominação e que não considera o desejo de quem cuida dele. É tarefa fatigante e pode despertar sentimentos de desesperança, tristeza, confusão, além de produzir uma sensação de vulnerabilidade que demanda cuidado pelo entorno.

Podemos, então, pensar esse período de constituição da parentalidade como situação de crise, pois convoca os pais a encontrarem novas maneiras de estar no mundo. A palavra "crise" possui diversos sentidos. Em grego, *krísis* quer dizer momento de decisão, de mudança súbita; separar, decidir, julgar. Em chinês, significa, ao mesmo tempo, risco e oportunidade. A experiência de crise envolve sempre as dimensões intrapsíquica e intersubjetiva, e o impacto dela sobre o psiquismo depende de como será significada, daí a importância da rede de apoio para a sustentação desse processo que pode mobilizar transformações.

Consideramos que uma das maneiras de a psicanálise pensar a crise é a partir do conceito de "trauma", termo que está presente na construção da teoria psicanalítica desde Freud. Uchitel (2001) indica que, em Freud, o trauma inspira um duplo movimento: por um lado, susto, impossibilidade de ligação, eminência do perigo de morte, repetição; por outro, ligado à nossa condição de desamparo fundamental, movimento vital que incita a construção do aparelho psíquico e instaura exigência de ligações até então inexistentes da energia livre, das excitações, dos fluxos e dos excessos. Essa condição de desamparo inicial levou Freud a considerar o papel central do cuidador nos primórdios do psiquismo.

A autora também explicita que um pensamento sobre o trauma leva-nos a um raciocínio de relações em que se faz necessário integrar não só o dentro e o fora, psiquismo e corpo, mas também os vários níveis que intervêm na produção de uma realidade humana: o físico, o psíquico, o social e o cultural. Partindo da leitura de Ferenczi, ela enfatiza o *desmentido*, negação da percepção do sujeito pelo entorno diante de uma de violência sofrida, como uma poderosa força traumática, deixando claro que o acontecimento em si não é traumático, mas pode vir a sê-lo se não encontrar um reconhecimento pelo outro significativo.

A partir dessa perspectiva psicanalítica, que situa a noção de crise para além dos recursos psíquicos de cada um, nos perguntamos: atualmente, que condições de laço social temos oferecido aos pais – mais especificamente às mulheres – para o exercício das funções parentais?

Bauman (2017) afirma que o atual modelo neoliberal de sociedade, ao provocar transformações sociais aceleradas, nas quais há um desapego dos laços afetivos, propõe que o individuo seja o único responsável pelo destino de sua vida. Os laços se tornaram provisórios e podem nos conduzir a situações de desamparo social, pois o outro é visto mais como competidor do que como possível colaborador. A liberdade ganhou supremacia sobre a segurança, o que gera sensação de incerteza e intensificação de patologias tais como: depressão, pânico e isolamento social. Isso se faz ainda mais significativo no tocante às mulheres no momento de se tornarem mães.

As grandes transformações do século XX – possibilidade de acesso à educação, ampliação de participação no mercado de trabalho – levaram as mulheres a ocupar outros lugares sociais que não só o de mãe. O aprimoramento dos métodos contraceptivos permitiu uma vida sexual menos assombrada por uma gravidez indesejada e transformou a relação da mulher com a maternidade, fazendo com que esta possa ser cada vez mais uma escolha, e não apenas destino. A mudança das configurações familiares nas cidades fez com que as mulheres deixassem de aprender sobre o aleitamento e os cuidados aos bebês em casa com suas mães e parentes, no convívio com a família estendida. Contudo, em nossa cultura, como bem explicita Badinter (2011), a mãe segue como a principal responsável pelo cuidado das crianças, o que gera sobre ela muitas exigências.

Acompanhamos também a medicalização da maternidade. O adiamento do projeto de filho para mais tarde, muitas vezes, esbarra no relógio biológico, que pode não corresponder, implicando técnicas de reprodução assistida. O parto, que até meados do século XX acontecia em casa, com a gestante cercada por mulheres de sua confiança, passa a ser um evento hospitalar, conduzido por um médico. O ápice desse movimento é dar a hospitais o nome "maternidade"!

Iaconelli (2015) nos apresenta como todas essas mudanças, que poderiam servir à emancipação feminina, têm sido usadas de maneira ideológica, mais a serviço da dependência da biotecnologia e do consumo, colocando a mulher numa condição paradoxal e numa dupla impossibilidade. Por um lado, a patologização do corpo feminino, que passa a ser considerado incapaz de conceber, gestar, parir, aleitar sem o auxílio de um especialista. Por outro, a expectativa de um saber natural e espontâneo sobre o cuidado aos bebês, que ignora que somos seres culturais e que as formas de cuidar são aprendidas e variam em cada laço social: "Quanto ao que ela sabe, costuma ser desautorizada; quanto ao que ela não sabe mais, é acusada de ter que saber" (Iaconelli, 2015, p. 69).

Essas transformações culturais também diluíram o amparo social que as mulheres costumavam ter, no passado, durante o período gravídico-puerperal. A distância das famílias de origem e a falta de referências faz com que a primeira vez de muitas mulheres como protagonistas do cuidado a um bebê se dê por ocasião do nascimento do próprio filho. Podemos observar no cotidiano da clínica psicanalítica como todas essas mudanças fragilizam as bases identificatórias, intensificam a solidão e fazem muitas mulheres se sentirem, hoje, bastante despreparadas para enfrentar os desafios que a maternidade apresenta.

Nossa cultura propõe, também, ilusão de controle pela crescente especialização e pela valorização exacerbada da novidade científica e da tecnologia. Assim, vários casais, para dar conta de suas angústias, em vez de contar com o saber familiar, vão buscar informações com especialistas ou até mesmo em aplicativos para celular, nos quais o cuidado pode ser apresentado como técnicas a serem adquiridas. Esses recursos, embora sejam válidos quando usados com moderação, podem acabar por destituir o saber próprio de cada um, bem como solapar aqueles transmitidos pela família. Constatamos, assim, que os pais continuam se sentindo desamparados. A escuta psicanalítica contrapõe-se a essa proposta de especialização ao apontar, invariavelmente, para a importância da história e do que é singular. Vale lembrar também que a psicanálise não tem ideal de normalidade e que se pauta na ética do sujeito, oposta ao *furor curandis* e ao fazer o bem (Figueiredo; Coelho Junior, 2000).

Construção de redes de apoio: cuidar de quem cuida

As situações de crise trazem a oportunidade para desenvolver novos recursos. Assim, a parentalidade pode representar um momento importante para que os pais, sobretudo as mulheres, se ressignifiquem. Bydlowsky ([2001] 2002) descreve a gestação como momento particular do psiquismo, caracterizado por um estado de transparência psíquica que é marcado pela diminuição da censura perante as lembranças recalcadas. Os fragmentos do pré-consciente e do inconsciente chegam facilmente à consciência, o que pode ser observado através da tendência, por parte da mulher, de falar de aspectos de seu mundo interno que usualmente permanecem inconscientes. Não se trata de uma fragilidade psíquica, mas de um estado de plasticidade que é marcado pela diminuição do recalque e pela abertura para a transformação. Essa plasticidade psíquica faz com que as relações de confiança – ter com quem partilhar emoções e reflexões sobre as transformações que a chegada de um filho traz – sejam de grande importância nesse período, podendo influir de maneira significativa na constituição da parentalidade.

É importante, portanto, trabalhar, junto aos futuros pais, a construção de redes de apoio que possam favorecer sustentação e reconhecimento. Avós, tios, amigos, colegas de trabalho, vizinhos, colaboradores para os afazeres domésticos, grupos virtuais podem ser parceiros importantes na elaboração das mudanças experienciadas com a chegada de um filho. A recém-mãe clama por apoio, muitas vezes em silêncio, pois, dado o peso ideológico e moralizante da idealização da maternidade, intensificado pela cultura contemporânea, costuma exigir de si mesma que dê conta de tudo sozinha. Vale ressaltar que, com o nascimento do bebê, as atenções que até então eram dirigidas a ela se voltam ao recém-nascido.

Figueiredo (2012), partindo da leitura de Winnicott, propõe que todas as práticas de cuidado têm como objetivo mais profundo propiciar para o indivíduo uma possibilidade de dar sentido à sua vida e às vicissitudes de sua existência ao longo do tempo, do nascimento à morte. Isso implica estabelecer ligações, dar forma e inteligibilidade aos acontecimentos, e equivale a constituir uma experiência de integração. Tais experiências só se constituem se tiverem sido exercidas, ensinadas e facilitadas pelos cuidados de que somos alvo. Figueiredo explicita que as desproporções fazem parte de nossa condição humana e que a vida nos desafia cotidianamente com falhas, excessos e faltas traumáticas. Assim, dar sentido é uma exigência permanente feita aos indivíduos e suas coletividades como maneira de construir um solo humano para a existência, um *ethos*.

O autor é categórico ao afirmar que o ser humano não existe sem cuidados recebidos e oferecidos, por isso propõe uma Teoria Geral do Cuidado, a partir da psicanálise. Sua proposta implica considerar as variadas posições e funções dos agentes cuidadores na constituição e manutenção dos sujeitos psíquicos. Entre elas, destaca as *funções de implicação*, que diz respeito aos *fazeres*, e *de reserva*, ligada a *ser* e *deixar ser.*

A presença implicada contempla três modalidades de exercer o cuidado, e cada uma corresponde a um modo específico de se apresentar como agente de cuidados. A primeira está relacionada a *sustentar*. Quem cuida desempenha as funções de acolher, hospedar, agasalhar e alimentar, incluindo aí sua subjetividade e funcionando como um ambiente de suporte. No início da vida, o cuidador ainda não é reconhecido como outro diferente de mim, mas ao longo de toda nossa existência só vivemos bem se pudermos contar com alguém que exerça essa tarefa de humanização. Winnicott ([1960] 1990) chama essa forma de presença de *holding* (sustentação), trata-se de organizar a rotina completa de cuidados ao bebê, na qual é fundamental levar em conta tanto as características singulares deste como de quem o cuida.

Para esse autor, só conquistamos um sentimento de ser, só nos tornamos humanos e alcançamos uma posição de sujeito se alguma continuidade tiver sido oferecida e experimentada através do *holding*. Vale ressaltar que ele também indica que a rotina é transformada ao longo do tempo, à medida que o bebê vai internalizando essa sustentação, e que a introdução de descontinuidades passa a ser importante. Inicialmente, trata-se de continuidade somatopsíquica em seu nível mais concreto.

Ao longo da vida, outras dimensões de continuidade, envolvendo referências simbólicas, tornam-se decisivas. São as famílias, os grupos, as instituições e as redes de apoio que oferecem o *holding* que possibilita a continuidade na posição simbólica do sujeito no mundo, pois esta não está assegurada, precisa ser construída e reconstruída a cada etapa. Vimos como a entrada na parentalidade pode ser entendida como crise, por isso consideramos que é muito importante que os recém-pais contem com um ambiente que lhes proporcione lastro e suporte para que eles próprios possam cuidar dos filhos.

Um segundo modo de exercer o cuidado implicado é a função de *reconhecimento*, que, segundo Winnicott (1971) pode ser desdobrada em dois níveis: o *testemunhar* e *o refletir/espelhar*, sendo que o segundo depende do primeiro; o espelhamento que não inclua o autêntico testemunho não poderá efetivar a tarefa de reconhecimento. Muitas vezes, cuidar é, basicamente, ser capaz de prestar atenção e reconhecer o objeto dos cuidados no que ele tem de próprio e singular, dando disso testemunho e, se possível, levando de volta ao sujeito sua própria imagem. É uma modalidade discreta, mas, quando ela falta, pode acarretar problemas psicológicos e comportamentais, pois afeta a instalação da autoimagem e da autoestima. A experiência da medida enraizada em um reconhecimento preciso do outro no que tem de mais próprio comporta um potencial ético fundamental.

A terceira função do cuidado em presença implicada é a *interpelação*: é uma forma de recepção ativa que equivale a uma intimação. O outro que interpela e reclama funciona como agente do confronto e do limite, fazendo com que o sujeito entre em contato com os fatos da existência:

a morte, a finitude, a alteridade, a lei. As funções de chamar à vida, às falas e à ordem são tão necessárias quanto as funções de acolhimento e reconhecimento.

Essa função de interpelação implica a dimensão desejante, vulnerável, inconsciente do adulto que exerce o cuidado. Essa dimensão propriamente humana é fundamental, pois sem ela o objeto dos cuidados não acede à vida e à humanidade. O outro cuidador deve ser fonte de questões e enigmas para despertar a pulsionalidade, um movimento somatopsíquico e uma exigência de resposta. A mãe reclama a presença viva e interativa do bebê que a ela responde ainda antes de aprender a falar, sorrindo, olhando, estendendo os braços.

Tão importante quanto o cuidado implicado é a necessidade do cuidador de moderar seus fazeres, o que depende de sua capacidade de manter-se em reserva e desapegar-se. Trata-se de cuidar em *presença reservada*, maneira sutil e eficaz de cuidado que deixa a criança ser; como a mãe que deixa seu filho brincar sossegado enquanto se atém aos próprios afazeres. Uma função primordial de quem cuida é a de abrir espaço e dar tempo, ausentando-se. Nessa posição, o cuidador exerce renúncia à própria onipotência e aceita sua dependência. Evitam-se, assim, os exageros da presença implicada e fazer do cuidado um exercício de domínio. O cuidador em presença reservada oferece um espaço vital, desobstruído, não saturado por sua presença e seus fazeres, que possibilita que quem é cuidado encontre sua maneira de ser.

Como a rede de apoio pode exercer essas diferentes funções de implicação e reserva junto aos recém-pais na chegada de um filho? Ela pode exercer a função de *holding* ao dar sustentação emocional e eventualmente colaborar na organização do cotidiano a partir da demanda dos pais. Pode testemunhar e reconhecer quando os recém-pais precisam de algo: escuta, presta atenção e devolve o que percebe, respeitando a singularidade do encontro dos pais com aquele filho. Pode interpelar quando dá espaço para que os pais levantem questões e falem da ambivalência da parentalidade, pois o cuidado ao filho desperta angústia, raiva, desconhecimento e confusão. Esses são frequentemente excluídos quando se pensa, especialmente, em maternidade, o que leva diversas mulheres a experimentarem muita culpa ao se perceberem esgotadas e querendo momentos de distância da criança. Poder dar espaço para os recém-pais falarem desses sentimentos e desejos é umas das funções mais significativas de quem os acompanha.

É importante também que a rede de apoio cuide em presença reservada. Nessa posição, ela oferece aos pais um espaço vital livre e vazio, espaço potencial no qual eles poderão exercitar suas capacidades de maternar e paternar na sua medida e segundo suas possibilidades. O movimento é sua retirada estratégica: a rede de apoio está por perto, mas se mantém em reserva para convocar à ação, dar ensejo à atividade criativa dos pais. Essa maneira não interventiva de oferecer cuidado, moderando seus fazeres e mantendo-se em reserva, é fundamental quando pensamos em rede de apoio e é o que possibilita que os recém-pais sejam protagonistas e encontrem sua maneira de exercer a parentalidade.

Assim, é importante que a rede de apoio possa oferecer cuidado nestas duas funções: presença implicada e, sobretudo, presença reservada. Vale ressaltar que a rede de apoio tem funções bem diferentes dependendo do momento da parentalidade. Logo no início, no pós-parto ou na chegada de uma criança em adoção, ela é importante para dar suporte para quem está na função de cuidado mais direto com a criança. Passado o período inicial, ela pode colaborar no cuidado com a criança; de maneira que o cuidador possa retomar seus demais interesses.

O mito grego da hospitalidade parece-nos um modelo interessante do que pode ser uma rede de apoio: Júpiter e seu filho Hermes quiseram saber como andava o espírito de hospitalidade entre os humanos. Travestiram-se de pobres e começaram a peregrinar pelo mundo afora. Ao cruzar uma terra cujos habitantes eram conhecidos por sua rudeza, foram surpreendidos pela atitude de um casal de velhinhos, Báucis e Filêmon, que, apesar de ter poucos recursos, acolheu-os, oferecendo o melhor de que dispunham: fogo para aquecê-los, comida para alimentá-los, a própria cama para que descansassem.

Podemos entender pelo mito que a hospitalidade se define sempre a partir do outro – o desconhecido que bate à porta, o bebê que acaba de nascer, a criança adotiva que chega – e implica ser afetado em sua humanidade. Segundo Boff (2005), por sua natureza, a hospitalidade e a convivência supõem generosidade, abertura ao desconhecido, sensibilidade ao desamparo do outro, superação de preconceitos e confiança. Esse autor classifica a hospitalidade por meio das diversas dimensões que ela assume no mito: a sensibilidade, a capacidade de sentir e de perceber imediatamente o outro em sua necessidade; e a compaixão, que é a capacidade de esquecer-se de si – dimensões essas que nos parecem essenciais em uma rede de apoio.

Considerações finais: o psicanalista e as redes de apoio

Ao considerar a importância da rede de apoio para a constituição da parentalidade, o psicanalista pode trabalhar em diferentes âmbitos. Tanto junto aos pais, no atendimento individual, como na clínica ampliada, quando trabalha em rede com outros profissionais, pensa políticas públicas e discute com a sociedade sobre as diversas formas de cuidar.

No atendimento aos pais, cabe ao psicanalista manter a escuta atenta à singularidade quando os analisandos trazem sua relação com a rede de apoio. Mas, como consideramos que a chegada de um filho pode se constituir como situação de crise, pode haver predomínio das intensidades pulsionais, da temporalidade do instante, do registro da urgência, com certa suspensão da capacidade de pensar. Podemos pensar na clínica da pulsão de morte, do encontro com o estranho e ao mesmo tempo familiar que requer um manejo específico do analista. Ele pode ser convocado à escuta implicada.

O analista testemunha e reconhece o que está sendo vivido, para que o analisante possa inscrever o vivido em sua historia e construir narrativa. Segundo Gondar (2019), o analista, como testemunha, ocupa um lugar intersticial, informe, funciona como catalisador das intensidades afetivas, no qual algo do sujeito possa advir. Esse lugar se aproxima da instauração de um espaço potencial (Winnicott, 1971) onde, muitas vezes, reina uma ausência de sentido. É um espaço de paradoxo, no limiar entre o dentro e o fora, que pode permitir que circule e ganhe forma algo que é incomunicável.

Importante frisar que as mudanças que a chegada de um filho traz nem sempre produzem impacto desorganizador no psiquismo dos pais. Nessas situações, o analista pode, então, sustentar a angústia do analisante e interpretar as narrativas que este traz na direção de um novo posicionamento subjetivo.

As redes de apoio são importantes, mas se tornam primordiais em situações nas quais identificamos maior desorganização psíquica dos pais, o que pode colocar em risco a constituição subjetiva do bebê, que tem um tempo para acontecer. Sabemos da importância de que se realize uma intervenção o mais rápido possível nesses casos. Consideramos que, quando mãe ou pai encontram-se muito frágeis, é necessário criar uma rede substituta, pois é fundamental que algum outro adulto assuma a função de investir afetivamente o bebê e possibilitar sua entrada no mundo humano.

Frequentemente, esse adulto pode ser alguém da rede de apoio, mas em situações extremas cabe ao próprio psicanalista exercer essa função. Vale ressaltar que, mesmo nos casos mais complexos, consideramos fundamental que o psicanalista intervenha, sempre que possível, favorecendo o estabelecimento do laço libidinal pais-filho, ou cuidadores-bebê, quando se trata, por exemplo, de crianças em situação de acolhimento institucional, e apenas eventualmente faça o trabalho só com o bebê.

No que concerne ao campo de trabalho do psicanalista quando está na clínica ampliada, concordamos com as proposições de Moretto (2014). Essa autora, que escreve sobre a inserção do psicanalista em instituições de saúde, enfatiza a importância da articulação entre a vertente clínica de seu trabalho – que inclui tudo o que envolve o atendimento aos pacientes, o cuidado com o seu sofrimento – e a vertente institucional – escuta que o psicanalista desenvolve junto aos outros profissionais da equipe. Importante também é a maneira como os profissionais que se propõem a cuidar de mulheres na perinatalidade e pais na etapa de constituição da parentalidade se posicionam e se dirigem a eles.

Winnicott ([1965] 2006) empenhou-se em falar para aqueles que não eram psicanalistas mas lidavam diretamente com mães e recém-nascidos. Tinha uma preocupação com o ímpeto curativo desses profissionais, facilmente despertados pela forte presença da dimensão do desamparo humano nesse período. Essa identificação com a fragilidade do bebê, muitas vezes, leva-os a assumirem posturas normativas que podem se tornar um obstáculo em potencial para que os pais encontrem sua maneira singular de cuidar dos filhos. Ele aponta que o papel dos profissionais nessa etapa deveria se aproximar da posição do psicanalista: facilitar e fortalecer a confiança da mãe em sua capacidade de se ajustar ao seu bebê, dando-lhe tempo e apoio quando necessário, e não interferir levianamente sem ter consciência da complexidade dessa relação.

Assim, pensamos que uma das contribuições significativas da escuta psicanalítica e do desdobramento da importância da rede de apoio é realizar um trabalho em rede que sensibilize os profissionais que atuam no campo perinatal sobre o valor da subjetividade dos pais na constituição subjetiva dos filhos e a plasticidade do psiquismo materno nesse período, o que confere significativo poder a suas falas. Lembramo-nos de uma situação de atendimento institucional na qual atuamos em rede com uma psiquiatra e esta se surpreendeu com a rapidez com que os sintomas mais preocupantes – alucinações auditivas – remitiram. Tivemos a oportunidade de ter uma troca significativa sobre a plasticidade do psiquismo no puerpério e sobre como é necessário sutileza para avaliar o uso de medicação nesse período.

Para finalizar, é importante ressaltar que o psicanalista também precisa estar atento para não se identificar com o desamparo do bebê e assumir o lugar do especialista que possui o saber, seja quando atende os pais diretamente, seja quando trabalha na clínica ampliada, em rede com outros profissionais. Apostamos na escuta da singularidade dos pais e daqueles que os cercam para favorecer a construção de formas únicas tanto de maternar e paternar quanto de apoiar mães e pais nesse processo.

Referências

BADINTER, E. *Conflito: a mulher x a mãe.* Rio de Janeiro: Record, 2011.

BAUMAN, Z. *O retorno do pêndulo*. Rio de Janeiro: Jorge Zahar, 2017.

BOFF, L. *Virtudes para um mundo possível. Hospitalidade: direito e dever de todos.* Petrópolis: Vozes, 2005.

BYDLOWSKY, M. (2001). O olhar interior da mulher grávida: transparência psíquica e representação do objeto interno. In: CORRÊA FILHO, L; GIRADE CORRÊA, M.; FRANÇA, P. (Orgs.). *Novos olhares sobre a gestação e a criança até os 3 anos: saúde perinatal, educação e desenvolvimento do bebê.* Brasília: I.G.E., 2002.

FIGUEIREDO, L. C. Metapsicologia do cuidado. In: *As diversas faces do cuidar.* 2. Ed. São Paulo: Escuta, 2012.

FIGUEIREDO, L. C.; COELHO JUNIOR, N. Ética *e técnica em psicanálise.* São Paulo: Escuta, 2000.

GONDAR, J.; ANTONELLO, D. F. O analista como testemunha. R*evista de psicologia da USP,* v. 27, n. 1, p. 16-23, 2016.

GUERRA, V. A ética dos cuidados: o complexo do arcaico e a estética da subjetivação. In: KAHN MARIN, O.; ARAGÃO, E. O. (Orgs). *Do que fala o corpo do bebê.* São Paulo: Escuta, 2013.

IACONELLI, V. Mal-estar na maternidade: do infanticídio à função materna. São Paulo: Annablume, 2015.

MORETTO, M. L.; PRIZSKULNIK, L. Sobre a inserção e o lugar do psicanalista na equipe de saúde. *Tempo Psicanalítico*, v. 46, n. 2, 2014.

UCHITEL, M. *Neurose traumática.* São Paulo: Casa do Psicólogo, 2001.

WINNICOTT, D. W. (1965). A contribuição da psicanálise à obstetrícia. In: *Os bebês e suas mães*. São Paulo: Martins Fontes, 2006.

WINNICOTT, D. W. O papel de espelho da mãe e da família no desenvolvimento infantil. In: *Brincar e realidade*. Rio de janeiro: Imago, 1971.

WINNICOTT, D. W. (1960) O relacionamento paterno-infantil. In: *O ambiente e os processos de maturação.* Porto Alegre: Artes Médicas, 1990.

PARENTALIDADE E MAL-ESTAR CONTEMPORÂNEO

Amar ou armar as crianças? Vicissitudes contemporâneas da relação parentalidade/escolaridade

Rinaldo Voltolini

A quem pertence a criança? Questão política e matéria jurídica que, apesar das diferentes respostas que obteve em diferentes épocas, sempre comparece como fundamento na organização da *polis*. A chamada *minoridade política* da infância supõe, antes de tudo, que a criança exige tutela, modo de propriedade – posse e guarda, para nos referirmos aos termos instituídos pelo Direito – baseado no pressuposto de sua imaturidade em sobreviver e se desenvolver por seus próprios recursos. Se podemos observar um consenso em torno das ideias de imaturidade da criança e necessidade de sua tutela, o mesmo não se pode encontrar quanto à questão de quem é o responsável por ela ou, ainda, de como se dividiriam as devidas responsabilidades entre as partes envolvidas.

Historicamente, a família e o Estado aparecem como as duas instituições que dividem essa responsabilidade, mas os termos dessa divisão, embora visem um compartilhamento, não cessam de gerar discussão. Ligada naturalmente à criança pela via do nascimento, a família apareceria como tendo um direito inalienável sobre ela. De outro lado, o Estado, por sua vez, ganha legitimidade na questão quando se constata que o destino dela não poderá deixar de passar pela *polis*. A superposição inevitável de papéis dessas duas instituições com relação à criança não pode ser resolvida em definitivo por nenhuma divisão formal. As divisões formais, observadas ao longo da história, demarcam apenas os termos com que em cada época se entendeu e se buscou a divisão e o compartilhamento entre as partes.

Se até a metade do século XIX os cuidados e a educação da criança eram pensados como responsabilidade quase exclusiva da família, assistimos, desde então, a uma progressiva intervenção do Estado nesse assunto. As famílias passam a ter que obedecer a regras e a considerar direitos atribuídos pelo Estado às crianças – limites legais do pátrio poder – uma vez que se consolida o interesse deste pelo controle do futuro cidadão: a criança se torna um projeto do Estado. Para tanto, através dos direitos da infância, o Estado se torna o responsável maior pela garantia de sua proteção. As famílias podem ser, eventualmente, nocivas às crianças, abandonadoras, agentes de maus-tratos, negligentes, etc., cabendo ao Estado uma vigilância positivada em leis em prol da criança e de seu bem-estar. A propriedade da criança passa a ser compartilhada entre família e Estado, com o predomínio legal deste.

O tema desse compartilhamento não cessa de se deslocar e produzir tensão. Contemporaneamente a ideia de *home schooling* – o direito dos pais de educarem seus filhos em casa, segundo suas escolhas e decisões, fora da obrigatoriedade da frequência à escola pública –, veio reacender os termos dessa polêmica. Recentemente no Brasil, no mesmo espírito do *home schooling*, vimos ressurgir, com uma força significativa na discussão política, a mesma tensão a propósito do projeto Escola sem Partido.

Tal projeto foi e tem sido objeto de múltiplas e acaloradas discussões, tendendo a polarizar o debate em termos ideológico-partidários, salvo alguns posicionamentos pontuais que buscaram dar à discussão um tratamento mais analítico e teórico. A condução da discussão nesses termos, ainda que reconheçamos seu valor enquanto debate político legítimo, dificultou, sem dúvida, que uma gama não menos importante de questões, particularmente ligadas aos temas da parentalidade, da infância, da contemporaneidade e da educação, pudessem ser devidamente trabalhadas.

Ainda que possa ser considerada como uma peça a mais na estratégia de implementação da ideologia de direita, tal projeto apresenta concepções específicas, mesmo que não justificadas e trabalhadas teoricamente, acerca da infância, da parentalidade, da contemporaneidade e da educação. Se elas são frágeis do ponto de vista teórico, e mesmo jurídico, como muitas vezes se pôde facilmente demonstrar, a capacidade sedutora de tais ideias indica a necessidade de analisarmos sua retórica.

O que propomos desenvolver neste capítulo, num caminho distinto da polarização ideológico-partidária – mesmo que ainda possamos nos valer dos argumentos que ela apresenta para relançar questões –, é o exame da *relação parentalidade-escolaridade* que o projeto da Escola sem Partido e toda a discussão decorrente apresenta.

Nossa tese, cuja pertinência e vigor tentaremos demonstrar, é a de que o projeto Escola sem Partido, embora claramente ancorado em valores comuns à ideologia de extrema-direita – retorno a uma ordem natural do humano, definida pelo criador; desprezo pela história, produto imperfeito dos homens, em prol da valorização do divino, perfeito no ato de criação; apelo a uma identidade nacional forte; identificação de um elemento corrompedor que precisa ser combatido e da importância da restauração de uma ordem pública supostamente corrompida –, ganha sua força atual e sua capacidade retórica de sedução não tanto por clamar um retorno a esses valores, mas por conseguir integrá-los a outros valores marcadamente contemporâneos. Basicamente, seria por corresponder à *inflação do privado* e à *deflação do público* que esse projeto ganha força no mundo atual.

O divórcio contemporâneo entre família e escola: filiação sem institucionalidade

Sem pretender realizar um estudo histórico da relação família-escola, o que excederia em muito os interesses de análise deste capítulo, optaremos por uma organização genealógica em três tempos que marcaram os modos dessa relação.[1] A constituição desses três tempos foi condicionada pelas transformações históricas de ambas as instituições: (1) num primeiro tempo, que podemos situar ainda

[1] Para a exposição dessa genealogia seremos bastante devedores do livro *Conditions de l'éducation* (BLAIS, GAUCHET; OTTAVI, 2008), em particular do capítulo "La famille contre l'éducation".

como instalado na pré-história dessa relação, já que ainda fora daquilo que podemos reconhecer como a instituição escolar, encontramos a família tradicional, que propomos chamar, para sublinhar seu traço distintivo, de "família econômica".

Nesse tempo, as crianças nascidas se incorporavam às atividades de sobrevivência de suas famílias, e toda a educação e instrução que recebiam se dava em decorrência da satisfação dessas necessidades. O que era importante se aprendia por impregnação na experiência do trabalho e imitação dos adultos. Para além desse aprendizado prático e instrumental, ligado à manutenção econômica da família, havia também a doutrinação religiosa, destinada a formar o espírito na obediência das leis da Igreja. Pragmática de um lado e moral de outro, à família econômica cabia toda a responsabilidade pela educação das crianças e, portanto, nenhuma tensão entre a família e o Estado em seus interesses seria em princípio observável. Essa educação não tinha outra ambição que resguardar os modos de subsistência: servir a Deus e garantir a preservação econômica da família bastava.

Nessa família, a conjugalidade também era regulada pelas necessidades econômicas, e os casamentos se davam em torno de uma regra patrimonial: o casamento arranjado. Aos filhos nascidos dessas famílias não era prevista nenhuma liberdade de escolha de destino, pois sua identidade social se achava estritamente definida pela regra da filiação, e ser fiel a sua continuidade era o esperado.

Com a complexificação da economia e de sua inevitável expansão para além dos limites familiares de subsistência, tornou-se necessário às famílias uma adaptação. Se a ideia de subsistência foi sendo progressivamente substituída pela de progresso e prosperidade, era necessário que a educação das crianças cedesse aos imperativos desse novo tempo e deixasse de se dar apenas por impregnação dos costumes e hábitos domésticos. Seria agora necessário prepará-los para sair do âmbito familiar e ganhar suas vidas num mundo mais amplo, pleno de progresso, com ofícios que já não tinham mais necessariamente a ver com aqueles próprios à família.

A educação dessas crianças deveria também se adaptar ao novo mundo e não podia mais se basear na aquisição espontânea de gestos práticos caros à sobrevivência familiar. A educação deve agora ser pensada como um ato metódico e refletido, e dentro de uma instituição formalmente concebida para essa tarefa, que deveria tornar-se acessível a todos daí em diante e afinada com o ideal de progresso do Estado e da economia. De uma educação informal, improvisada e pragmática, passamos a uma educação formal, programada e com viés teorizante: surge a Pedagogia, com o papel que a atribuímos até hoje.

Nesse contexto nasce a (2) família moderna, que propomos chamar de "família política", por sua implicação num projeto maior já em total conformidade com os interesses da sociedade e do Estado. No âmbito da conjugalidade, surge o casamento por amor, importantíssima modificação na equação familiar e, consequentemente, naquela entre a escola e a família. Com o casamento por amor, a montagem familiar não mais precisava obedecer à regra patrimonial e exclusivamente econômica, e os filhos nascidos desse amor – filhos desejados –, em vez de serem mãos de obra para a garantia de subsistência, podiam figurar como projetos familiares de realização pessoal, progresso e emancipação.

Com a transferência da economia ao espaço público, a relação entre pais e filhos se inclina para um espaço no qual a intimidade entre os membros da família joga um papel e não se restringe mais exclusivamente à sobrevivência e ao pragmatismo característico dela. As relações de amor entre os membros da família passam a funcionar como o elemento definidor de sua dinâmica, e a *pessoalidade*, presente apenas de modo extraordinário no caso da família tradicional, vira aqui a regra ordinária.

Essa individualidade e essa intimidade, entretanto, deveriam se restringir ao ambiente familiar, já que preparar o filho para o mundo implicava fazê-lo reconhecer que esse mundo emancipado da dinâmica familiar vai tratá-lo de modo impessoal, como mais um entre outros, realizador de uma função dentro de um projeto que o excede em seus interesses pessoais. O famoso e popular dito "os filhos a gente cria para o mundo" é a expressão maior do valor que caracteriza essa época.

Nesse contexto, a ida à escola, instituição concebida para preparar as crianças para esse mundo, começa a se tornar um valor importante e decisivo para as famílias. Certa divisão de papéis entre as duas instituições esboçava-se: à família caberia educar enquanto à escola ensinar, ou instruir. Como não se educa sem alguma instrução, nem se instrui sem alguma educação, os limites dessa divisão nunca se cumpriram integralmente, mas o casamento entre as duas instituições não chegava a ser ameaçado pelas eventuais discordâncias que se podia observar ao longo do processo. Ao contrário, ele seguia sólido porque fundado numa base solidamente garantida pela organização social: *o privado familiar deve inclinar-se perante o público do mundo.*

As famílias sabiam – o filho a gente cria para o mundo – que, apesar de sua inclinação intimista, pessoal e amorosa, ela deveria deixar claro a si e a seus filhos que a regra lá fora era outra. Se em casa a criança era a criança concreta, com suas características pessoais específicas, ou seja, um *sujeito singular*, lá fora se tratava do *sujeito universal,* impessoal, votado a se submeter a uma definição abstrata. Como exemplo da pregnância dessa organização poderíamos evocar, no campo da apresentação pessoal, um traço da força desse valor: se, na época da família tradicional, a apresentação pessoal era "Fulano, filho de...", na família moderna, passou a ser "Fulano, advogado...". A função na sociedade passa a ser mais definidora do que a filiação. A família moderna é aquela que prepara o filho para o mundo público.

As linhas de força dessa organização social se fazem sentir até hoje, e muitos de nossos contemporâneos se reconhecem e se identificam com os valores da família moderna que ainda se encontram em vigor graças à educação recebida por eles. Contudo, é forçoso reconhecer a chegada de uma nova organização social que modifica as bases desse casamento entre a família e a escola e as modifica, essencialmente, por causa da modificação da configuração familiar e de sua inserção social.

Há um consenso geral entre os especialistas de que a configuração familiar se modificou. E ela mudou em vários aspectos: nas regras de conjugalidade – os casamentos podem se dar entre pessoas do mesmo sexo, por exemplo; nas regras de parentalidade – os filhos passam a ter muito mais centralidade na família, sendo seus interesses considerados inclusive juridicamente como mais determinantes do que os do casal. Com o aumento dos casamentos desfeitos surgem também muitas famílias recompostas com novos membros, sendo cada vez mais comum filhos conviverem com as novas escolhas conjugais de seus pais.

Essencialmente, a família se modificou como consequência do cumprimento do *projeto social de emancipação e igualitarização dos indivíduos*. Embora os valores de igualdade e emancipação sejam próprios aos ideais democráticos, sua consolidação nesse projeto social contemporâneo se deu muito mais por adesão a uma ideologia neoliberal. A ideia de liberdade, peça-mestra desse projeto social, é o valor maior desse processo. Mas a noção de liberdade que se encontra aqui em jogo não é aquela própria ao liberalismo, corrente filosófica que a entendia como fundamentalmente fincada na liberdade em relação às regras de Deus. Para os liberais, a noção de autonomia, por exemplo, era crucial, porque significava a possibilidade do homem de *criar e obedecer* as próprias leis. Ele seria livre por poder interrogar e controlar a ordem natural – tem a ciência para isso – ou deixar de se subordinar à palavra de Deus como determinista. No caso do liberalismo, o limite da liberdade não é a palavra de Deus, mas a presença do outro, alteridade definida em termos universais, como um outro que pode ser eu ou alguém sem ser ninguém em particular, um outro formal, enfim.

A liberdade que vemos desenhar-se em nossa ordem social contemporânea é aquela do neoliberalismo, que se define num contexto de afirmação da ideia de indivíduo, de liberdade individual. Tal afirmação se constitui, forçosamente, em detrimento do coletivo. A autonomia, para retomarmos o exemplo acima, passa a ser sentida muito mais do lado de criar leis do que o de obedecê-las. A individualidade, a pessoalidade, valores próprios ao ambiente familiar no tempo da família moderna, passam agora à cena pública. A vida mais íntima, dos detalhes cotidianos, é exposta no Facebook para que todos a vejam. O próprio crescimento dos movimentos *identitários*, que geram os chamados coletivos sociais, constituem um excelente exemplo desse processo. Forjados legitimamente a partir do debate democrático e para sustentar uma questão social, e não individual, não deixam de testemunhar esse deslocamento neoliberal, uma vez que não se pode deixar de notar que a própria ideia de coletivos, no plural, representa certa atomização do coletivo, no singular. Tal fenômeno é muito bem descrito e desenvolvido por Laclau (2015) em seu livro *La guerre des identités*.

A dimensão individual, mesmo que seja representada por um grupo centrado numa identidade, é transferida para a cena pública, e o outro passa a ser mais imediatamente percebido como obstáculo ao pleno exercício dessa individualidade. Não por acaso, Laclau usa o termo "guerra" para se referir ao destino inelutável desse projeto: se se trata de afirmar identidades se terminará inevitavelmente na guerra.

Nesse contexto individualista, a família passa a funcionar como incentivadora da felicidade pessoal. Repleta de manuais que a orientam a ser funcional para a felicidade dos filhos – chamada também de saúde psicológica –, ela se lança a um empreendimento cuja frase definidora todos conhecemos bem: "o que quero apenas é que meu filho seja feliz". Frase dita diante de todo tipo de escolha feita pelos filhos, seja de trabalho futuro, de relacionamento amoroso, ou mesmo, eventualmente, de contravenção, como bem testemunha a canção de Chico Buarque "Meu guri": "Chega no morro com o carregamento / Pulseira, cimento, relógio, pneu, gravador / Rezo até ele chegar cá no alto / Essa onda de assalto tá um horror".

A música de Chico serve para mostrar como o fenômeno pode ser encontrado, guardadas as proporções e formas distintas, em todo o tecido social, não se restringindo apenas a uma classe social privilegiada. O crime do filho é negado se seus produtos possibilitarem a felicidade familiar. A oportuna escolha do termo "meu guri" evidencia bem a quebra do paradigma da criação do filho para o mundo. O mundo é proclamado hostil, ameaçador da felicidade que só a família estaria em condições de salvaguardar.

Do lado da escola, por sua vez, verifica-se uma dificuldade fundamental, já que sua legitimidade e consequente eficiência dependem em larga escala do reconhecimento simbólico, discursivo das famílias. No entanto, ela é cada vez mais cobrada, contestada, acusada mesmo de não atender aos interesses sustentados pelo aluno e suas famílias. Seja por sua suposta ineficiência, seja porque não garante a proteção e o bom desenvolvimento das crianças – crítica comum dos que defendem o *home schooling*, por exemplo –, seja ainda, por outro lado, quando é cobrada de se ocupar das tarefas de socialização primária, antes de incumbência da família. Cada vez mais se observam expectativas familiares de que a escola desfralde, de que a escola incentive e controle o comportamento social para que este não se desregule, processos que até teriam pontualmente algo a ver com a escolarização, mas que se apresentam claramente nesse cenário como parte do projeto individual das famílias ao qual se pede que a escola sirva.

As escolas, por sua vez, fragilizadas por esse discurso social neoliberal e prontas, portanto, a rever, mais por reação do que por decisão, os decretados *seus erros,* buscam encontrar o motivo de suas dificuldades atuais reconsiderando seus métodos, seu papel, sua organização. Nisso procuram em vão e acabam por sucumbir ao velho erro já bastante conhecido da "mistificação pedagógica" (Charlot, 2013), que consiste em achar que os problemas escolares são essencialmente de origem pedagógica, com remédios consequentemente pedagógicos, encobrindo de forma mistificadora a dinâmica social subjacente, aquela na qual o real problema é condicionado. Constitui opinião corrente nas famílias a de que a *escola deve*: modificar seus métodos, atualizar-se, tornar-se mais atraente como as mídias o são, etc., sem que nada dessa nova equação familiar neoliberal seja colocada em questão.

É fato curioso que, de maneira geral, a escola tenha reagido com tentativas de atender a essas críticas, salvo algumas iniciativas cada vez menos audíveis de defesa à escola pública. Defesa da escola pública não significa apenas, nem prioritariamente, defender a *titularidade* pública da escola *versus* a iniciativa privada. Concordamos com Larossa (2013) quando diz que, independentemente da titularidade da escola, hoje em dia ela é sempre privada, porque funciona numa lógica privada, já que em torno do projeto individual de sucesso do aluno e das famílias.

Uma escola rendida às famílias, na qual a institucionalidade perde para a filiação. Uma família protetora contra o mundo, "família refúgio" (Blais; Gauchet; Ottavi, p. 37), na qual se deve restar em prol da própria felicidade, eis, numa fórmula condensada, a condição social que define a relação contemporânea da família e a escola. Propomos chamar essa (3) família contemporânea de "família psicológica". A família psicológica quer *apenas* a felicidade – confundida com sucesso – dos filhos, o que coloca toda outra institucionalidade social – a da escola principalmente – em perigo.

Um exemplo eloquente desse cenário encontramos na querela recente em torno da proposta de educação inclusiva nas escolas, proposta que já se acreditava consolidada pelo debate político e acadêmico. Uma *escola para todos*, com acesso e permanência garantidos a todos, tornou-se um valor maior que agora começa a ser contestado como se fosse um subproduto da ideologia da esquerda. Crianças, antes encaminhadas para escolas especiais, ou para outras perspectivas de tratamento fora da escola, começaram a ser matriculadas em escolas regulares, seguindo os termos de convenções internacionais que discutem especificamente e de modo representativo essas questões, dentro de uma dinâmica na qual o valor público da educação se encontra muito em pauta.

O valor público da proposta da educação inclusiva está, fundamentalmente, no reconhecimento de que toda e qualquer criança, independentemente de credo, condição social, etnia, se possui ou não deficiência, deve ter seu interesse e seu cuidado garantidos pelo Estado, o que implica o acesso irrestrito às instituições construídas pelo bem público. Isso inclui e aposta no fato de que a convivência irrestrita de todas as crianças numa mesma instituição concorre para os objetivos maiores da educação e que a ideia de instituições especializadas para certas crianças – definidas como tais segundo uma tipologia em geral médico-psicológica – pode ser prejudicial para o resultado educacional tanto delas como das que se encontram nas outras instituições.

Com uma forte e decisiva participação de famílias organizadas politicamente, em geral famílias com filhos com deficiência, essa ideia central começa a ser contestada. Bem entendido, que as famílias desejem se posicionar no debate geral da educação é algo muito bem-vindo, salutar para a democracia, sobretudo nos dias de hoje, em que se observa o predomínio da posição dos experts, como se toda decisão social e política legítima e consequente devesse ser chancelada por eles: *na dúvida, consulte os universitários*.

Que os pais se organizem politicamente é fundamental para a manutenção do caráter democrático do debate. O que chama a atenção, no entanto, é que os elementos trazidos pelas famílias ao debate sejam colocados em lugar hierarquicamente superior aos dos outros segmentos, como se *a família agora assumisse o lugar do especialista na educação*, o que faria retornar o debate a uma posição não democrática. Só sabe o que é a deficiência quem tem filho deficiente, fórmula tão comum quanto problemática, já que a visão familiar sobre a deficiência, mesmo que imprescindível para o debate, é uma visão ao lado de outras. Há ainda a dos professores, dos cientistas, dos governantes, etc.

Posto nesses termos, temos o direito de interrogar se não haveria aí um flagrante exemplo da família contra a institucionalidade. Se assim for, seria compreensível o fato observável de que as crianças com deficiência – em particular as com transtornos do espectro autista – tenham se tornado o veículo por onde a discussão do *home schooling* volta a ganhar terreno no Brasil, com a ideia de que essas crianças estariam mais bem assistidas em casa – com assistência especializada – do que nas escolas. Ideia essa que, resta a ressaltar, alimentaria um fantasma clássico dos pais de crianças com deficiência, de que o filho, dada sua fragilidade, pode ser objeto de violência por parte dos outros (Korf-Sausse, 2016).

Todos os estudos com relação a essa fantasmática própria às famílias de crianças com deficiência (Korf-Sausse, 2016; Richard, 2006; Mannoni, 1988; Cabassut, 2005) são simplesmente desconsiderados na ponderação do debate sobre a institucionalidade da educação. Em todo o caso, o fato que parece incontestável ao observar esse cenário é o divórcio contemporâneo entre a escola e a família. Longe de se perceberem como instituições com papéis complementares na educação das crianças, viraram instituições concorrentes, com acusações e desqualificações mútuas, como se a legitimidade e a identidade de cada uma dependesse agora da redefinição da outra. A famosa *associação de pais e mestres* – conceito consubstanciado formalmente no interior das escolas –, ícone da escola pública e do tempo da família moderna, a família política, se vê agora fortemente ameaçada pela chegada dos tempos da família psicológica. O que distingue a família política da psicológica é essencialmente algo que se joga no campo da transmissão: enquanto a família política transmite uma filiação *em direção* à institucionalidade, a psicológica transmite uma filiação *contra* a institucionalidade.

Amar ou armar as crianças?

Nessa querela entre a família e a escola, como fica a criança? Sabemos que ela não pode pensar politicamente a si mesma, cabendo aos adultos fazê-lo. E isso não por sua suposta imaturidade psíquica – ainda em desenvolvimento e sempre relativa às possibilidades de realizar julgamentos adequados e emitir opiniões –, mas porque toda sociedade precisa, para se organizar, identificar uma linha em que recorta *politicamente* a infância da maturidade. A *minoridade política* é uma condição presente em todas as sociedades, mesmo que o modo como cada sociedade decide considerá-la varie: se ela varia enquanto forma nunca varia enquanto ocorrência. Condição que, inclusive, serve a proteger as crianças, e não alijá-las do mundo político, como bem demonstrou Arendt (2003). Essa minoridade política serve para preservar um tempo – tempo nomeado pelos gregos como *skhole*, de onde vem, não por acaso nosso vocábulo "escola" – no qual a entrada no mundo pode ser concretizada plenamente antes que o peso desse mundo recaia sobre os ombros daquele que chega.

As decisões sobre o que é do interesse da criança são sempre tomadas por adultos, mesmo quando as opiniões dos pequenos são consideradas no debate. E isso não por *hierarquia*, como quis acreditar certo espírito pedagógico contemporâneo, mas por *anterioridade*. Projetos como a *República das crianças* (Singer, 1997) ou, mais concretamente, documentos jurídicos como o Estatuto da Criança e do Adolescente (ECA), em que pesem a originalidade e a ousadia presentes em seus escopos, seguem sendo idealizações concebidas por adultos em nome das crianças.

Contemporaneamente, as condições dessa anterioridade lógica entre as gerações e a minoridade política que dela deriva encontram-se contestadas e ameaçadas em seu valor. O amor pelo novo, marca registrada de nossa sociedade, tende a tornar toda relação com o antigo criticável, suposto produto de uma adesão acrítica e conservadora a um passado. Nesse cenário de *pathos do novo*, a criança, então, tornada a imagem emblemática do futuro e do novo – o que ela nunca é automaticamente, mas apenas potencialmente –, será promovida a um lugar político importante; *his majesty the baby*, para utilizar a expressão de Freud ([1914] 1992) para se referir ao lugar em que ela é colocada pelo narcisismo dos pais.

A observação freudiana é extremamente perspicaz ao acompanhar o deslocamento histórico que se encontra em jogo. O amor que se passa a ter pela criança tem a ver com a projeção que se faz nela das realizações de desejos dos adultos. Longe de ser liberada de uma hierarquia que a deixaria oprimida pelo adulto, a imagem freudiana deixa visível sua real posição de objeto com relação ao desejo dos adultos. Com o advento dos *filhos nascidos pelo desejo em famílias construídas pelo amor*, as condições sociais para que a criança seja um objeto de gozo dos adultos estão dadas: nasce, assim, o sentimento da infância (Ariès, 1981).

Mas nasce com isso, também, as condições para que o amor por ela se desvincule do amor e da responsabilidade pelo mundo.

> [...] a educação é também onde decidimos se amamos nossas crianças o bastante para não expulsá-las de nosso mundo e abandoná-las a seus próprios recursos, e tampouco arrancar de suas mãos a oportunidade de empreender alguma coisa nova e imprevista para nós, preparando-as em vez disso com antecedência para a tarefa de renovar um mundo comum (Arendt, 2003, p. 247).

Esse trecho do texto de Arendt tem o grande mérito de demonstrar a relação intrínseca entre amar a criança e amar o mundo no qual ela vai entrar. Se deixamos de amar o mundo – o que ocorre, por exemplo, quando esperamos delas e as incumbimos de fazer as mudanças que não conseguimos –, as abandonamos aos próprios recursos e arrancamos de suas mãos a possibilidade de encontrar em seu tempo as coisas novas que só elas podem encontrar.

Note-se que o amor aí em questão não é da ordem de um sentimento pessoal por alguém, mas tem valor estrutural e disposicional entre as gerações. Na linguagem da autora, trata-se do *amor mundi,* noção com valor abstrato, mas nem por isso irreal. Sua concretude repousa na responsabilidade em relação ao mundo que coletivamente constituímos e que propomos a elas. Longe do sentimento contemporâneo da criança entronizada, para Arendt, na educação, trata-se de um amor que tem valor constitutivo do mundo. Como não reconhecer, nessa dialética entre o mundo e a criança, trabalhada pela autora, aquela trabalhada por Freud entre o princípio do prazer e o da realidade (Blais; Gauchet; Ottavi, 2008), ou ainda, processo primário e secundário, para evidenciar melhor a relação de anterioridade temporal lógica e de dependência entre os termos da equação.

As duas forças, prazer e realidade, longe de se oporem dilematicamente, se articulam dialeticamente. O prazer sem a referência à realidade seria destituidor de mundo. O princípio da realidade, muitas vezes entendido incorretamente como um princípio de resignação – aceite a realidade porque ela se imporá de qualquer jeito –, é, na verdade, um princípio de advertência – considere a realidade para melhor obter os meios de realização do prazer: sem a consideração do mundo, nenhum prazer é possível.

Do mesmo modo, amar o mundo é amar as crianças e, ao mesmo tempo, dar-lhes os meios para que se achem nele e o modifiquem quando chegarem a essa modificação por si mesmas. O sentimento da infância, que em tempos de predomínio do narcisismo parental se transforma em sentimento pelo filho, só pode funcionar como destituidor de mundo.

Na ocasião das últimas eleições presidenciais no Brasil, como todos sabem, a criança e a educação ocuparam um papel central nas discussões. Normalmente, a educação compõe a lista dos temas principais da agenda de campanha dos candidatos, mas o que vimos, desta vez, é que ela ocupou um lugar mais estratégico num jogo no qual o debate da ideologia de governo era o objetivo principal.

Na campanha do então candidato Jair Bolsonaro, duas imagens que foram utilizadas são emblemáticas para nossos fins neste capítulo: a primeira delas é a da chamada Escola sem Partido, que seria concebida para proteger a criança da ação corruptora de professores doutrinadores que usurpariam seu papel na educação, trocando a função de ensinar pela de formar quadros para a revolução. A interpretação aqui é de que a ideologia de esquerda estaria *armando* as crianças para a revolução. A segunda imagem é a filmagem de uma criança, no colo do líder nacional, induzida por este a fazer o gesto característico de sua campanha:

mostrar as mãos como se fossem armas, armas a ser utilizadas contra o inimigo da nação.

O primeiro ponto a destacar e analisar nessas duas imagens é a paradoxalidade presente nelas quanto à ideia que se tem da posição da criança no mundo: a mesma criança que deve ser protegida, em sua inocência e ingenuidade, da ação corruptora de adultos perniciosos e doutrinadores, é convocada a portar uma arma e compor o coro do ataque contra o inimigo da nação.

Como todos sabem, o principal alvo do projeto de lei Escola sem Partido é a presença na escola da discussão do tema "gênero". Para os simpatizantes ou adeptos desse projeto, a criança estaria exposta ao risco de ter a constituição de sua sexualidade comprometida – em particular sua orientação sexual – por força de informações ideologizadas sobre a sexualidade humana e suas vicissitudes e possibilidades.

Como se pode ver, temas comuns à sociedade vitoriana vivida por Freud retornam como se nenhuma discussão tivesse sido realizada desde então. Mas podemos nos perguntar: por que a criança é sentida como imatura para o sexo, e não para a arma? A mesma inocência e a mesma ingenuidade infantis em relação ao adulto pernicioso não estariam presentes em ambos os casos?

Poderiam certamente nos objetar neste ponto dizendo que nunca foi um projeto de governo armar as crianças e que a imagem utilizada na campanha serve apenas para mostrar a identificação da criança com um projeto de futuro para o país. Mas, quando vemos se multiplicarem nas escolas, desde esse período, as denúncias a professores feitas por pais e iniciadas por comentários de seus filhos sobre atitudes na escola, não temos razão em pensar que as armas foram distribuídas? A própria recomendação disseminada no ar de que os alunos vigiem e denunciem seus professores em possíveis ações doutrinadoras – o que tem criado autocensura por parte dos professores – não pode ser tomada como prova de que armar as crianças não é só uma imagem de campanha?

Esses dois elementos, a *ingenuidade* e a *inocência,* servem para retomarmos uma discussão freudiana importante no esclarecimento da questão da posição da criança ante a sexualidade. Propomos uma fórmula condensada para marcar a diferença entre a posição freudiana e aquela dos adeptos do projeto Escola sem Partido e encaminhar algumas consequências entre esses dois pontos de vista: Enquanto para Freud a criança seria *inocente, mas não ingênua*, para a Escola sem Partido a criança, ao contrário, seria *ingênua, mas não inocente.*

Freud foi quem demonstrou que, a despeito do que imaginam os adultos em relação ao sexo, as crianças não são ingênuas quer dizer, elas não estão fora da perspectiva de saber sobre o sexo, o que fica bem demonstrado por suas fantasias e perguntas sexuais. Mesmo as teorias que criam – as chamadas teorias sexuais infantis (Freud, [1908] 1992) – para encontrar suas respostas, nas quais se poderia supor flagrante sua ingenuidade, são tomadas por Freud para evidenciar seu caráter altamente elaborado, que justifica alçar a criança ao lugar de teórico. Longe de considerar ingênuas as crianças por causa das ideias ingênuas que suas teorias sexuais mostram, Freud verá nessa forma de teorização o elã básico da própria atividade científica futura no adulto.

Essa aparente ingenuidade das ideias, entretanto, Freud atribui não à *ausência de um conhecimento*, mas, antes, à *presença de um saber.*[2] Em tais teorias, ele nota a ausência sistemática da penetração e da relação sexual. O bebê entraria e sairia da mãe por vias totalmente alheias à relação sexual, o que obedece a uma relação de conveniência com o saber, já que para os interesses imediatos da criança, mergulhada na relação amorosa com seus pais, conviria pensar que a relação entre os pais não é tão íntima assim e que dessa relação a criança pode se achar não totalmente excluída.

O que se pode concluir, essencialmente, dessa elaboração freudiana é que a criança está no sexo pela via do saber, mas não do ato. Seu percurso sobre o tema da sexualidade se dá no campo do saber, mas não é causado nem formatado pela volúpia genital: a *sexualidade infantil é sem genitalidade.* O que a criança busca em suas investigações sexuais

[2] Os termos "saber" e "conhecimento" possuem na teoria psicanalítica um largo desenvolvimento. Para este texto importa destacar que, enquanto o conhecimento é sempre consciente, podendo ser suscetível de caminhar na direção do conhecimento científico, o saber é inconsciente e se caracteriza por ter uma forma mais mitológica, donde o caráter aparentemente irracional das teorias sexuais infantis.

é muito mais compreender o enigma de sua existência do que concluir um ato sexual, o que provam as famosas perguntas edipianas: De onde venho? Por que não estava aqui desde sempre? Por que me quiseram?

Reside aqui a questão de sua inocência. Lembremos que inocência quer dizer *non nocere*, ou seja, incapacidade de ser nocivo. Nocivo, nesse cenário, quer dizer malicioso com relação ao ato sexual A prova maior de sua não nocividade é a forma que assumem os jogos sexuais infantis e os comportamentos sexuais, não raras vezes realizados em público, por exemplo, dando, ambos, a clara visão da ausência de sentido genital em sua concepção. O sentido genital atribuído à sexualidade das crianças é essencialmente adultocêntrico.

Quando a criança em questão é o próprio filho, a aparição dos comportamentos que indicam essa sexualidade é em geral ainda mais problemática. Lembremos que é por essa razão que Freud não recomendava os pais como interlocutores ideais nos assuntos da sexualidade com seus filhos: primeiro porque passam todo o tempo a esconder deles sua própria sexualidade, o que tornaria as conversas sobre o assunto uma situação de exposição; segundo porque, ao ouvirem as perguntas sexuais dos filhos, tendem a misturar as dúvidas destes com suas próprias preocupações quanto ao futuro dos filhos e, portanto, a tomar uma posição de governo da sexualidade deles. Ou seja, os pais são pouco recomendados como interlocutores dos filhos porque tendem a ser justamente *partidários*.

No lugar dos pais, recomendava-se um *outro adulto confiável*. Como deixar de ver nessa figura, tão pouco prestigiada inclusive na educação, aquela do *tio* – o mesmo tio/tia que sai da boca das crianças para se referir a seus professores? Ainda mais se nos lembramos de uma frase atribuída à Lacan (Merieu, 2013) sobre o tio: "*L'oncle, c'est le père sans le pire*!" ("O tio é o pai sem o pior"). Exatamente por estar em uma posição em que a criança serve menos como objeto de gozo é que o professor ou o tio está em melhores condições de abordar as dúvidas infantis.

O controle da sexualidade dos filhos segundo os valores familiares é recuperado e expressamente admitido pelos adeptos do projeto Escola sem Partido, desconsiderando todas as nuances dessa discussão. Para eles, a criança seria ingênua o bastante para ser vulnerável à ação política corruptora do adulto, mas não para saber que algo que este faz nesse campo é passível de ser denunciado. Ingênuos para o sexo, mas não para a guerra.

A velha inocência sem ingenuidade da criança freudiana é também encontrada na criança de Andersen no famoso conto *A roupa nova do rei* ([1837] 2012). Aqui vemos desenhar-se uma interessante ligação entre a posição da criança com relação à sexualidade e sua posição política. Só uma criança poderia denunciar que o rei estava nu – questão que alude à sexualidade – ali onde todos veem a roupa nova do rei. Mas ela só pode denunciar tal nudez exatamente porque não é nociva, não vê a nudez – genital – que o adulto vê. A nudez que ela vê traz a marca de sua implicação ainda infantil nos assuntos da sexualidade assim como naqueles da cidade.

Quando se pede à criança que denuncie seu professor, espera-se que ela seja capaz de ver o mundo com os olhos do adulto: que ela veja a roupa nova do rei. Neste caso, vemos a criança alçada a uma *maioridade política* que a desprotege do mundo. Evidentemente que a palavra da criança deve ser ouvida e que ela pode ser por vezes crucial para apontar a nudez real do rei, do adulto pernicioso que abusa dela. Isso foi mesmo todo o esforço de uma personagem histórica como Françoise Dolto, pioneira, na França, de um movimento em prol da escuta e da consideração da palavra da criança pelos adultos. O que apontamos aqui, entretanto, é o risco de se atribuir a tal palavra um *valor legislativo*, o que a alça a uma maioridade política, por que não dizer, corruptora da infância. Dar valor legislativo à palavra da criança é continuar na perspectiva que Dolto denunciava publicamente em seus escritos: a de não escutar as crianças.

Nesses termos, o *amor mundi* se vê transformado em ódio *mundi*. Talvez pudéssemos ver no termo "sem" da expressão "escola sem partido" a marca *destituidora* e não constituidora presente no projeto. Afinal, diante de uma escola – a escola brasileira – já tão *sem* várias coisas – sem carteiras, sem livros, sem salários dignos aos professores, etc. –, o que seria propor um projeto em que o "sem" é o elemento central?

Ou poderíamos pensar, ainda – para dar um último argumento a nossa tese inicial de que tal projeto se inscreve essencialmente nas coordenadas da dinâmica social contemporânea – que o “sem” da Escola sem Partido segue a esteira daquela característica própria ao contemporâneo de tentar eliminar o elemento nocivo, virulento, presente em todo produto: cerveja *sem* álcool, café *sem* cafeína, leite *sem* lactose, escola *sem*... escola. Com efeito, não se trataria de destruir o que há de escolar na escola?

Na escola trata-se de conhecimento que é, por definição, partido. É partido em áreas do conhecimento, partido em posições polêmicas dentro de um debate, partido entre certezas e dúvidas. Nessa partição está a riqueza do conhecimento e sua condição mesma de prosperidade, e no não reconhecimento dela, sua estagnação. Que um professor não deva transformar sua sala de aula numa doutrinação ideológica não deveria nem sequer ser alegado como um tipo de educação a ser combatido. Isso, quando acontece, é simplesmente negligência à educação. Mas, se fosse para levarmos em consideração esse medo extremo e desproporcional da doutrinação na escola, não deveríamos contrapor a mesma atenção às possibilidades de doutrinação na família? Por acaso não poderia haver nas famílias adultos perniciosos e doutrinadores? Seria necessário propor uma família sem partido?

A diversidade das posições – as da família, as da escola, as do debate acadêmico, as da religião, etc. – faz a riqueza da vida democrática. Os pais podem colocar seus pontos de vista em casa sem precisar blindar os outros presentes no mundo e que cumpre à escola apresentar. Se esses pontos podem aparecer em sua diversidade e tensão e se o debate entre eles pode encontrar espaço é sinal de que a democracia caminha bem, e é sinal também de que a educação está cumprindo adequadamente seu papel de mostrar às crianças o mundo que constituímos e deixar a elas o sabor e as condições de introduzir nele sua novidade.

Referências

ANDERSEN, H. C. (1837). *A roupa nova do rei.* São Paulo: Volta Meia, 2012.

ARENDT, H. *Entre o passado e o futuro.* 5. ed. São Paulo: Perspectiva, 2003.

ARIÈS, P. *História social da criança e da família.* Rio de Janeiro: Guanabara, 1981.

BLAIS M.-C.; GAUCHET, M.; OTTAVI, D. *Conditions de l'éducation*. Paris: Stock, 2008.

CABASSUT, J. *Le deficiente mental et la psychanalyse*. Nîmes: Champ Social, 2005.

CHARLOT, B. *A mistificação pedagógica: realidades sociais e processos ideológicos na teoria da educação*. São Paulo: Cortez, 2013.

FREUD, S. (1908). Sobre as teorias sexuais das crianças. In: *Edição Standard Brasileira das Obras Psicológicas Completas de Sigmund Freud*, v. IX. Rio de Janeiro: Imago, 1992.

FREUD, S. (1914). Sobre o narcisismo: uma introdução. In: *Edição Standard Brasileira das Obras Psicológicas Completas de Sigmund Freud*, v. XIV. Rio de Janeiro: Imago, 1992.

KOSF-SAUSSE, S. *Le Miroir brisé: L'enfant handicapé, as famille et la psychanalyste.* Paris: Fayard/Pluriel, 2016.

LACLAU, E. *La guerre des identités*: grammaire de l'émancipation. Paris: La Découverte, 2015.

LARROSA, J. *Desafios da educação*. YouTube, 15 maio 2013. Disponível em: <youtu.be/AzI2CVa7my4>. Acesso em: 5 ago. 2020.

MANNONI, M. *Educação Impossível.* Rio de Janeiro: Francisco Alves, 1988.

MEIRIEU, P. *De l'enfant-consommateur à l'enfant-citoyen: quelle* éducation? YouTube, 28 set. 2013. Disponível em: <youtu.be/HY7EgaEarew>. Acesso em 5 ago. 2020.

RICHARD, J-T. *Psychanalyse et handicap*. Paris: L'Harmattan, 2006.

SINGER, H. *República das crianças*: *sobre experiências escolares de resistência*. São Paulo: HUCITEC/FAPESP, 1997.

INTERLOCUÇÕES

Pais por escrito: ou do amor e seus avessos

Mariza Werneck

Desenvolva sua estranheza legítima.
René Char

Pais, salvo engano, sempre existiram. Já a paternidade é invenção recente.

"A vida é simples" – diz o escritor e músico Kalaf Epalanga (2019, p. 9). "Ser pai passa essencialmente por voltar a reconectar-nos com os nossos instintos mais primários. Já estivemos no lugar do bebê que temos agora nos braços, só não temos é memória desse tempo."

Talvez não tão simples assim. As mulheres, sim, sempre tiveram seu corpo e seu destino imemorialmente atrelados à função procriadora, com direito a mazelas e maravilhas. Virgens Marias ou Medeias, Bruxas, Madrastas, Superprotetoras, Grande-Mães ou Pietás, as mulheres e seu "avental todo sujo de ovo" levaram séculos para distinguir maternidade de maternagem, para renegar e livrar-se do tão propalado instinto materno, assim como para entender que, para além delas, havia mais alguém concernido, pelo fato tão banal quanto milagroso de uma criança vir ao mundo.

Os pais, instauradores da cultura, é preciso reconhecer, nunca estiveram muito bem na fita. Nosso imaginário mítico remete a um deus primordial, Urano, que se casou com a própria mãe, Gaia, e mantinha seus detestados filhos encerrados em seu ventre. Incentivados pela mãe, personificação da Terra, os filhos se rebelaram contra Urano. Cronos, o mais jovem deles, castrou o pai e atirou seus testículos ao mar. E assim nasceu Afrodite.

O destino de Cronos, no entanto, não foi muito diferente do de Urano. Tomava todas as mulheres para si, único entre todos os machos a ter direito ao gozo. Temeroso, no entanto, de ser destronado pelos próprios filhos, devorava-os, um a um, assim que nasciam. De nada valeram seus temores e seus cuidados. Mais uma vez uma mãe interveio: Reia substituiu um dos filhos recém-nascidos por uma pedra. Zeus comandou a rebelião contra o pai, e tornou-se o deus entre os deuses.

A história dessa horda primitiva é plena de consequências na Psicanálise, de Freud a Lacan. Sem nenhuma intenção de enveredar por ela, o que nos cabe, nos limites deste texto, é apenas constatar que, depois de morto, o pai tornou-se ainda mais poderoso, porque engendrou nos filhos, e para sempre, a incontornável e devoradora Culpa.

A morte de um pai ronda ainda e estrutura a formação do psiquismo humano. O mito de Édipo conta a história de Laio, que, segundo o oráculo, seria morto pelo próprio filho, que, por sua vez, se casaria com a própria mãe. E assim foi. Tragédia anunciada, destino ao qual Édipo não pôde fugir, por mais que o tivesse tentado. Mais uma vez entra em cena a Culpa, deusa onipresente no imaginário humano. Parricida e incestuoso, o infeliz Édipo se cega ao descobrir seus crimes.

Mas há quem conte a história de outro jeito: na contramão da interpretação freudiana, James Hillman (1995) vai localizar no mito de Édipo, antes da morte do pai, um infanticídio. Com efeito, ao se sentir ameaçado, Laio ordena a morte do filho. Implacável, ainda que não poupe o que denomina "a má maternidade", o pensador junguiano sentencia: "O pai assassino é essencial à paternidade" (p. 87-88).

Em consequência disso, o pai sempre surge, na narrativa mítica dos filhos, cheio de rancor, ressentimento, traços sombrios e dolorosas súplicas.

Quando se abandona o universo mítico, e adentra-se a terra profana da literatura, a história não muda muito. E aqui não há como não evocar outro protótipo, a figura paterna de Franz Kafka, descrita em *Carta ao pai* (2017). Embora precedida por um "Querido Pai", a primeira frase já diz imediatamente a que veio:

> Você me perguntou recentemente por que eu afirmo ter medo de você. [...] E se aqui tento responder, por escrito, será sem dúvida

> de um modo muito incompleto, porque também ao escrever, o medo e suas consequências me inibem diante de você e porque a magnitude do assunto ultrapassa de longe minha memória e meu entendimento (p. 7).

Se fizermos um pequeno inventário, pinçado ao longo do texto, dos traços com os quais Kafka descreve o pai, encontraríamos: "força", "apetite", "sonoridade de voz", "dom de falar", "superioridade diante do mundo", "autossatisfação", "perseverança", "presença de espírito", "conhecimento dos homens", entre outros. E não se esquece de assinalar, para ser justo, que, afinal, não poderia ser diferente: o pai apenas reproduzia, no filho, a educação ruidosa e enérgica que recebera.

Numa correlação de forças desproporcional, impossível de ser superada, Kafka descreve seu magro e franzino esqueleto de menino esmagado pela fortaleza da figura paterna que, de sua poltrona, inventava leis e regia o mundo. Diante dele, a criança desaprendeu a falar, mas ainda assim lhe era grato, como só podem ser gratos os escravos, ou os mendigos.

Muitas vezes Kafka evoca também a deusa Culpa. Antes, para renegá-la, para não atribuí-la nem ao pai nem a si mesmo. Como quem disfarça. Mas por fim concede que o sentimento de culpa com o qual conviveu na infância transformou-se na compreensão do desamparo mútuo em que ambos estavam mergulhados.

Esse tom terrível, essa dolorosa litania prossegue implacavelmente no texto, sem redenção possível. Mas, é bom não esquecer – e sem entrar no mérito se se trata de um pai real, simbólico ou imaginário –, estamos diante de um pai por escrito, um pai construído a partir de artifícios próprios aos textos literários. Afinal, o próprio Kafka afirmava ser todo feito de literatura, e nada além disso. A literatura é sua substância, sua carne, sua alma.

Para isso nos alerta Modesto Carone (2017, p. 78), no Posfácio que se segue à sua tradução da *Carta.* Para ele, não é possível negar os fundamentos históricos e existenciais do texto, mas, ainda assim, trata-se de produção literária. A figura do pai de Kafka, "o pai que pune", como diz Walter Benjamin (*apud* Carone, 2017, p. 78), projeta-se em toda a obra kafkiana, e pode ser reconhecido também em *O processo*, *O castelo*, e em *A metamorfose*, para citar apenas algumas.

Ao tentar comunicar-se com o pai, Kafka precisou de muitas palavras, e espalhou-as por sua obra afora. Dessa forma, como diz Carone, "foi transformado pelo pai em o filho do século" (p. 80), referindo-se ainda ao século passado, no qual viveu Franz Kafka. Voltaremos a isso.

Outros filhos são mais sintéticos, mas não deixam de afirmar, de forma contundente, sua condição, como o fez o poeta Vladimir Diniz (1971) no poema "O filho do pai": "P de pai, Ai de filho". Ou como condensa Jacques Lacan ao longo de sua obra: "Père [pai], Peur [medo]".

Sigamos. Outro pai se aproxima e, desta vez, não encarna a figura do Medo, nem da Lei. Antes, de uma dor profunda, estranhada. Trata-se da figura paterna criada por Guimarães Rosa no conto "A terceira margem do rio" (1994, p. 409-413).

Um pai em tudo dessemelhante ao de Kafka: "Nosso pai era homem cumpridor, ordeiro, positivo. Só quieto. Nossa mãe era quem regia e que ralhava no diário com a gente".

Mas eis que um dia, conta o narrador, o pai encomendou uma canoa. Sem nada dizer, nem se despedir, meteu-se nela e dirigiu-se ao rio, sem responder à pergunta do filho: "Pai, o senhor me leva junto, nessa sua canoa?". Não levou.

E por lá ficou, "naqueles espaços do rio de meio a meio, sempre dentro da canoa, para dela não saltar nunca mais".

O povo atribuía tão estranha situação a alguma doença, talvez à lepra, ou a um pagamento de promessa. Doideira? Não, que a mãe proibia essa palavra: "Ninguém é doido, ou então todos".

O filho, nas margens, cuidava do pai. Levava rapadura, cacho de banana, broa de pão. A mãe fingia não ver, e facilitava, deixando as sobras à vista.

Com o tempo, pararam de falar nele, só pensavam: "Não, de nosso pai não se podia ter esquecimento. Se a gente, por um pouco fazia que esquecia, era só para se despertar de novo, de repente, com a memória, no passo de outros sobressaltos".

A filha se casou. Teve filho e foi levar o bebê para o pai conhecer. Ele nem sequer apareceu nas margens do rio. Choraram todos. Aos poucos, foram se mudando daquele lugar. Primeiro a filha. O irmão. A mãe, depois.

Restou o filho que, segundo diziam, ia ficando cada vez mais parecido com o pai. Como Kafka, jamais conseguiu se casar: "Eu fiquei aqui, de resto. Eu nunca podia querer me casar. Eu permaneci, com as bagagens da vida. Nosso pai carecia de mim na vagação do rio, no ermo – sem dar razão de seu feito".

O pai, em sua canoa, onipresente ausência, era, em tudo, a mais perfeita oposição ao pai do narrador kafkiano. Apenas em um detalhe lhe assemelhava: instaurava a culpa, assim como Cronos, assim como Laio: "Sou homem de tristes palavras. De que era que eu tinha tanta, tanta culpa? Se o meu pai, sempre fazendo ausência. [...] Apertava o coração. Ele estava lá, sem a minha tranquilidade. Sou o culpado do que nem sei, de dor em aberto, no meu foro".

Um dia, decidiu-se. Aproximou-se da margem do rio, chamou pelo pai até que ele aparecesse. E sugeriu: "– Pai, o senhor está velho, já fez o seu tanto. Agora o senhor vem, não carece mais... O senhor vem, e eu, agora mesmo, quando que seja, a ambas vontades, eu tomo o seu lugar, do senhor, na canoa!...".

O pai fez menção de concordar, veio vindo. Dessa vez, foi o filho quem não pôde. Fugiu. E ficou "pedindo, pedindo, pedindo um perdão. Sou homem, depois desse falimento? Sou o que não foi, o que vai ficar calado".

Ao narrador só restava a esperança de que, um dia, quando morresse, o depositassem "numa canoinha de nada, nessa água, que não para, de longas beiras...".

Ao belo conto de Guimarães Rosa, todo feito de dor, não há nada a acrescentar. Está tudo ali. Tudo se passa como se o conto já contivesse sua própria interpretação.

O pai do narrador kafkquiano, de sua poltrona, verborrágico, regia o mundo. Diante dele, seu filho desaprendeu a falar. Já o de Rosa, trancado em seu silêncio, escondido no fundo da canoa, só fez transformar o filho em um homem de tristes palavras. O que há de semelhante entre os dois, para além da culpa – este incontornável denominador comum –, é que, mesmo diante do silêncio obstinado de um, e da palavra excessiva do outro, estamos diante de dois filhos que narram.

Se o pai de Kafka, como diz Carone, transformou-o no filho do século, não há como deixar de constatar que alguma coisa mudou. Com efeito, ao percorrermos ao acaso os catálogos de algumas editoras brasileiras, a partir do ano 2000, é fácil observar um volume significativo de livros escritos por pais que narram e inventam uma paternidade nova, sensível, ainda que difícil, tantas vezes. Cansados, talvez, de encarnar esse lugar equívoco, da Lei e da Ordem, abandonam a poltrona, ou a canoa, tomam a palavra e tentam remar por si mesmos.

O que haverá de comum entre esses pais... narradores? Quase todos jovens, pais de primeira viagem, como se diz. Alguns classificam seus livros como ficção, como deve ser, e como Kafka ensinou. Outros assinalam o caráter de depoimento de suas narrativas. Sem exceção, excelentes, reconhecidos escritores, que conquistaram prêmios nacionais e internacionais. Há até mesmo um Nobel entre eles.

Para citar apenas alguns: *Uma questão pessoal*, de Kenzaburo Oe, romance de 1964, mas traduzido no Brasil apenas em 2003; *Não era você que eu esperava*, de Fabien Toulmé, quadrinhos, de 2014 (edição brasileira de 2019); *Entre o mundo eu*, de Ta-Nehisi Coates, depoimento pessoal, de 2015; *Trilogia do adeus*, de João Carrascoza, romance, de 2017; *Meu menino vadio*, de Luiz Fernando Vianna, de 2017; *Pai de menina*, de Marcos Mion, de 2018; *O pai da menina morta*, de Tiago Ferro, romance, de 2018.

O que mais os identifica – e surpreende – no entanto, não é apenas a qualidade de seus textos, mas a qualidade especialíssima de sua paternidade. Com algumas exceções, são pais de filhos autistas, de crianças com síndrome de Down, ou simplesmente negras, esse estigma tão forte que se cola à pele quase como uma doença. Por que escrevem esses pais? O que dizem?

Um livro ainda do século passado, datado de 1964, mas que chegou ao Brasil apenas em 2003, conta a história de Bird, jovem professor que teve a vida devastada pelo nascimento do filho com uma síndrome rara. Uma má formação do crânio causava a impressão de que o bebê tinha duas cabeças. E o pai teve de decidir entre uma cirurgia arriscada e a possibilidade de nada fazer, deixar que a morte se encarregasse de levá-lo em poucos dias.

O romance *Uma questão pessoal*, de Kenzaburo Oe (2003), premiado com o Nobel em 1994 é perturbador, para dizer o mínimo. As palavras com que descreve o filho – "a personificação de toda infelicidade", "monstro bicéfalo", "verme", "cão", afogado" "ser repulsivo" (fiquemos por aqui) – demonstram, à exaustão, a intenção destrutiva da escrita, uma violência verbal francamente assumida pelo autor.

A impiedade das descrições, a morte do bebê, tantas vezes planejada, e todos os demais demônios que Kenzaburo exorciza no livro chocaram o tradutor da edição brasileira que, admitiu, não teria passado das primeiras páginas se não estivesse atendendo a uma encomenda da editora. Ao que tudo indica, suavizou alguma coisa.

Bird, a personagem paterna do filme, afogou-se em álcool e em sexo, enfrentou brigas de rua, adotou todo tipo de comportamento condenável, urrando seu desespero como uma ferida exposta, uma "dor em aberto", como a do personagem de Guimarães Rosa.

A ferida não fecha, mas o final do livro sugere, ainda que de leve, alguma possibilidade de redenção:

> [...] expiou o rosto do filho nos braços da mulher. Queria ver o próprio rosto refletido no rosto do menino. De fato, pôde vê-lo no espelho dos olhos negros e cristalinos da criança, mas a imagem era tão minúscula que não lhe permitiu constatar as novas feições do seu rosto. Assim que chegasse em casa planejava se olhar no espelho. E, depois, consultar o dicionário que o repatriado Deltcheff havia lhe dado, com a palavra *esperança* escrita na capa interna. Pretendia fazer a primeira consulta nesse dicionário de um pequeno país da península balcânica. Buscaria a palavra *paciência* (p. 221-222).

Passemos à vida real: o escritor Kenzaburo é um pacifista, que luta contra armas nucleares. Escreveu sobre Hiroshima, Nagasaki e Fukushima. Tinha 29 anos quando nasceu seu filho, com inúmeras patologias. Kenzaburo deu-lhe o nome de Hicari, que significa "luz". Enquanto se decidia – ou não – pela cirurgia sugerida pelos médicos, refugiou-se em Hiroshima. Como que para afirmar, e reconhecer, o que diria depois, muitas vezes, em inúmeras entrevistas: as forças mais poderosas que mobilizam sua escrita são seu filho, Hicari, e Hiroshima. A partir daí dedicou a vida a lutar por essas causas.

Kenzaburo cuidou do filho com desvelo. Hicari quase não reagia a estímulos, e não falava. Para o pai, o ato de escrever era uma forma de dar-lhe voz. Fazia-o ouvir concertos de pássaros. Certa vez, em um passeio nas montanhas, uma vozinha o surpreendeu: "Essa é uma cuína". Hicari tinha seis anos.

Era só o começo. Em pouco tempo era capaz de reconhecer mais de setenta cantos de passarinhos. Depois, veio o piano. Hicari tornou-se um compositor conhecido e respeitado no Japão.

Já é hora de abrirmos outro livro: *O filho eterno,* romance de Cristovão Tezza, publicado em 2007, ganhador de inúmeros prêmios nacionais e internacionais. O livro conta a história de Felipe, nascido com síndrome de Down, e de seu pai, às voltas com a invenção de sua paternidade.

O começo repete, como um mantra, o início de outros livros, de outros pais: a espera ansiosa mas feliz da chegada da criança, as aflições do parto, até que, em um segundo, o mundo desaba por inteiro, e está-se em Hiroshima.

Enquanto aguarda o nascimento de Felipe, o pai repassa mentalmente sua vida, e sabe que "ele também estaria nascendo agora, e gostou desta imagem mais ou menos edificante" (p. 10).

Embora ainda não soubesse quem viria, estava otimista, pois, "uma criança é uma ideia de uma criança e a ideia que ele tinha era muito boa. Um bom começo" (p. 19).

Bem devagar, a narrativa passa a ganhar um tom mais sombrio, a começar pela descrição do parto:

> O nascimento é uma brutalidade natural, a expulsão obscena da criança, o desmantelamento físico da mãe até o último limite da resistência, o peso e a fragilidade da carne viva, o sangue – criou-se um mundo inteiro de signos para ocultar a coisa em si, tosca como uma caverna escura (p. 24).

Mas deu-se a entrada dos demônios. Finalmente ele é informado da condição do bebê pelos médicos, com precisão científica, naquela manhã que considera *a mais brutal de sua vida.* A partir daí a narrativa passa a ser um embate entre ele e a criança, um esforço inaudito para conseguir transformar aquele bebê em filho, para ele poder, enfim, tornar-se pai.

A perspectiva da morte precoce ronda aqueles dias quase como uma promessa. Só muito mais tarde é que vai perceber que será preciso sobreviver ao filho, para que ele, quem sabe, não fique só. Será preciso fazer a sua parte, abandonar os cigarros, talvez o álcool.

O que há de mais impactante – e belo – no livro é o fato de que, embora o narrador se mantenha um observador privilegiado daquela infância especial, mistura sua vida à dele e, sem concessões, enquanto observa o menino observa-se por inteiro.

Sabe-se feito da mesma humanidade precária que seu menino, sabe que os dois fazem parte desta mesma estranha fauna humana e, por isso, cada um por si, terá de desenvolver as próprias estranhezas.

Felipe tem uma irmã, que atende a todos os "padrões de normalidade". Mas sua presença apenas roça o livro, de leve, com delicadeza. O que está em questão aqui é apenas ele e seu filho, e suas vidas misturadas. Por isso o pai se empenha em torná-lo cúmplice do seu mundo masculino, que só aos dois pertence. O futebol. E "hoje tem jogo. [...] O jogo começa mais uma vez. Nenhum dos dois tem a mínima ideia de como isso vai acabar, e isso é muito bom" (p. 222). E assim fecha-se mais um livro.

Por meio do entrelaçamento dessas duas vidas vai-se construindo uma história de amor sensível e forte, que não ousa dizer seu nome, amor tantas vezes velado sob a forma de uma racionalidade poderosa, mas onde também tem lugar a raiva, a dor, o desconsolo.

Uma pergunta se impõe: onde estão as mães dessas crianças? O que dizem? Escrevem? Ou, por que não escrevem?

Solitária estrela em meio a tantas vozes masculinas, ouve-se o canto de Olivia, cantora, compositora e mãe de João, que nasceu com uma síndrome tão severa quanto a de Hicari. Em *O que é que ele tem* (2015) ela conta esta história.

Olivia Byington tinha apenas vinte e dois anos quando João nasceu. Teve uma gravidez solar, como ela mesma afirma. Caminhadas, sucos naturais, a promessa de um parto ecológico. Não foi bem assim. Depois do susto inicial – e da rejeição inicial – começou seu longo aprendizado de amor pela diferença, que dura ainda.

Aprender a amar um filho que em nada lhe é semelhante. Afinal, todo nascimento estabelece, de imediato, uma relação de semelhança. No queixo, na cor dos olhos, nos cabelos. E, se a morte prematura ronda, quase como uma esperança, a existência daquele ser especial, é preciso se preparar, primeiro, para outro tipo de morte. Fazer o luto do filho dos sonhos, aquele que não veio: belo, perfeito, saudável.

Olivia olha com serenidade o caminho que percorreu com João e orgulha-se disso. Embora despreparado fisicamente, nas palavras dela, João está pronto para a vida, possui qualidades incríveis e é capaz, até mesmo, de ser feliz a seu modo.

Outros pais se sucedem. Em *Entre o mundo e eu* Ta-Neshisi Coates (2015) jornalista, escritor premiado e negro (sobretudo negro), escreve uma longa carta que começa assim: "Filho,".

O que ele faz, o que ele diz, é tentar explicar ao filho o que significa habitar um corpo negro, um corpo que carrega essa "marca de nascença da danação". E todas as suas consequências. "É isso que queria que você soubesse: na América, é tradição destruir o corpo negro; é uma herança" (p. 107).

Ao mesmo tempo em que Coates tenta decifrar para o filho esse doloroso legado, enquanto pai reconhece-se preso a correntes geracionais que o envergonham. Foi preciso aprender:

> [...] eu gostaria de ter sido mais suave com você. Sua mãe teve de me ensinar como amá-lo – como beijá-lo e lhe dizer que o amo toda noite. Mesmo agora não parece ser um ato tão natural quanto ritual. E isso é porque estou ferido. Isso é porque estou preso a antigos métodos que aprendi numa casa endurecida (p. 126-127).

Assim são eles. Homens que aprendem, a cada dia, o duro ofício de tornar-se pai. Esforçando-se, tantos deles, para se livrar de antigos métodos, aprendidos numa casa igualmente endurecida. Para aprender um pouco mais, escrevem. E partilham com suas crias, como bem disse Kafka, a compreensão do comum desamparo. Para assim, quem sabe, desmentir o mito e finalmente transformar o pai em uma figura de amor como talvez, sempre – secretamente – foram.

Referências

BYINGTON, Olivia. *O que é que ele tem*. São Paulo: Objetiva, 2015.

CARONE, Modesto. Uma carta notável (Posfácio). In: KAFKA, Franz. *Carta ao pai*. Tradução de Modesto Carone. São Paulo: Companhia das Letras, 2017.

CARRASCOZA, João. *Trilogia do adeus*. São Paulo: Companhia das Letras, 2017.

COATES, Ta-Nehisi. *Entre o mundo eu*. Tradução de Paulo Geiger. São Paulo: Objetiva, 2015.

DINIZ, Vladimir. *Poesia aos sábados*. Belo Horizonte: Edições Oficina, 1971.

EPALANGA, Kalaf. Paternidade. *Revista Quatro Cinco Um*, n. 27, ano 3, out. 2019.

GUIMARÃES, Ruth. *Dicionário da mitologia grega*. São Paulo: Cultrix/MEC, 1972.

FERRO, Tiago. *O pai da menina morta*. São Paulo: Todavia, 2018.

HILLMAN, James. Laio, infanticídio e literalidade. In: HILLMAN, James; KERÉNYI, Karl. *Édipo e variações*. Tradução de Gustavo Barcellos e Edgar. Petrópolis: Vozes, 1995.

KAFKA, Franz. *Carta ao pai*. Tradução de Modesto Carone. São Paulo: Companhia das Letras, 2017.

MION, Marcos. *Pai de menina: para ler ao lado de sua filha e construir uma relação para a vida toda*. São Paulo: Academia, 2018.

OE, Kenzaburo. *Uma questão pessoal*. Tradução de Shintaro Hayashi. São Paulo: Companhia das Letras, 2003.

ROSA, João Guimarães. A terceira margem do rio. In:*Ficção completa*, v. II. Rio de Janeiro: Nova Aguilar, 1994.

TEZZA, Cristovão. *O filho eterno*. Rio de Janeiro: Record, 2007.

TOULMÉ, Fabien. *Não era você que eu esperava*. Tradução de Fernando Scheibe. Belo Horizonte: Nemo, 2017.

VIANNA, Luiz Fernando. *Meu menino vadio*. Rio de Janeiro: Intrínseca, 2017.

Sobre as autoras e o autor

Daniela Teperman | Psicanalista, mestre em Psicologia Escolar e do Desenvolvimento Humano pelo Instituto de Psicologia da Universidade de São Paulo (IPUSP) e doutora em Psicanálise e Educação pela Faculdade de Educação da Universidade de São Paulo (FEUSP). Participa da equipe de pesquisa e é professora e supervisora do curso de Pós-Graduação em Parentalidade, Perinatalidade e Psicanálise do Instituto Gerar de Psicanálise. É autora dos livros: *Clínica Psicanalítica com bebês: uma intervenção a tempo* (Fapesp/Casa do Psicólogo, 2005) e *Família, parentalidade e época: um estudo psicanalítico* (Fapesp/Escuta, 2014).

Leda Mariza Fischer Bernardino | Psicanalista, analista membro da Associação Psicanalítica de Curitiba, doutora em Psicologia Escolar e do Desenvolvimento Humano pelo Instituto de Psicologia da USP (IPUSP), com pós-doutorado em Tratamento e Prevenção Psicológica (CAPES/Université Paris 7). Autora do livro *As psicoses não decididas na infância: um estudo psicanalítico* (2004); coautora e organizadora dos livros *Neurose infantil versus neurose da criança* (1997), *Psicanalisar crianças: que desejo é esse?* (2004) e *O que a psicanálise pode ensinar sobre a criança, sujeito em constituição* (2006). Atualmente exerce prática clínica na cidade de São Paulo.

Lia Pitliuk | Psicóloga e psicanalista, supervisora e coordenadora de grupos de estudo sobre Freud e Winnicott. Membro dos departamentos de Psicanálise e de Psicanálise com Crianças do Instituto Sedes Sapientiae (SP), onde é docente no curso de Formação de Analistas e coordenadora do grupo de estudos permanente "A perspectiva relacional em psicanálise". Docente na pós-graduação e em cursos livres do Instituto Gerar de Psicanálise e do Instituto Singularidades. Autora de vários artigos e capítulos de livros sobre psicanálise.

Luciana Pires | Psicanalista, com especialização em Psicanálise com Crianças, Adolescentes e Famílias pela Tavistock Clinic, mestrado e doutorado pelo Instituto de Psicologia da USP (IPUSP). É coordenadora de grupos de estudo em Psicanálise e supervisora do grupo Sustentar de atendimento a crianças na saúde mental pública.

Mariza Werneck | Professora de Antropologia do Departamento de Ciências Sociais da PUC/SP, e do Instituto Gerar de Psicanálise. Atua nas seguintes áreas: Teoria Antropológica, Teoria Literária, mito, imaginário e conhecimento sensível. É autora de *O livro das noites: memória, escritura, melancolia.*

Roberta Wanderley Kehdy | Psicóloga pela USP, especialista em Psicologia da Saúde pela UNIFESP, psicanalista membro do Departamento de Psicanálise do Instituto Sedes Sapientiae, onde é professora do curso Psicopatologia Psicanalítica e a Clínica Contemporânea. Professora e supervisora da Rede Clínica do Instituto Gerar de Psicanálise, atende jovens e adultos em consultório particular desde 1996.

Rinaldo Voltolini | Psicanalista, doutor em Psicologia pelo Instituto de Psicologia da USP (IPUSP), com pós-doutorado em Psicogênese e Psicopatologia pela Université Paris XVIII. Professor e orientador na Faculdade de Educação da USP, cocoordenador do Laboratório de Estudos em Psicanálise, Infância e Educação da USP (LEPSI-USP). Membro da Associação Nacional de Pesquisa e Pós-graduação em Psicologia (ANPEPP), da Revista Multimedia sobre la Infancia y sus Institución(es) (INFEIES-RM) e da Red Interamericana de Investigación en Psicoanálisis y Política (REDIPPOL). Coeditor da revista *Estilos da Clínica*, é autor de vários livros e artigos no campo da Psicanálise e Educação.

Thais Garrafa | Psicóloga pela Pontifícia Universidade Católica de São Paulo (PUC-SP), psicanalista, professora e supervisora do curso de Pós-Graduação em Parentalidade, Perinatalidade e Psicanálise do Instituto Gerar de Psicanálise, e supervisora clínica no projeto Com Tato do Instituto Fazendo História. Participa da Equipe de Pesquisa do Instituto Gerar de Psicanálise. Foi professora do COGEAE/PUC-SP e do curso de Formação em Psicanálise do Centro de Estudos Psicanalíticos (CEP).

Vera Iaconelli | Psicóloga, psicanalista, mestre e doutora em Psicologia pela Universidade de São Paulo (USP), membro do Departamento de Psicanálise do Instituto Sedes Sapientiae e membro de Escola do Fórum do Campo Lacaniano SP. É diretora do Instituto Gerar de Psicanálise, colunista do jornal *A Folha de S.Paulo*, coautora do livro *Histeria e gênero: o sexo como desencontro* (nVersos, 2014) e autora dos livros *Mal-estar na maternidade: do infanticídio à função* (Zagodoni, 2020), *Criar filhos no século XXI* (Contexto, 2019).

FSC
www.fsc.org
MISTO
Apoiando o manejo florestal responsável
FSC® C092828

2021
CARBON NEUTRAL
SAVE cerrado

Este livro foi composto com tipografia Adobe Garamond
e impresso em papel Off-White 90 g/m² na Formato Artes Gráficas.